JUSQU'AU BOUT
DU CHEMIN

MARIE IRELAND

JUSQU'AU BOUT DU CHEMIN

Préface du professeur
Jean Bernard

PRESSES DU CHATELET

Un livre présenté par Marco Koskas

ISBN 2-266-09579-X

SA Marie-Thérèse, ma mère
A Marie-Élisabeth, ma grand-mère
A Marie-Diane, ma belle-mère

A ces mères qui m'ont montré le chemin

SOMMAIRE

Vous voudriez connaître le mystère
de la mort ?
Mais comment le trouverez-vous, si
vous ne le cherchez pas dans le
cœur de la vie ?
Car la vie et la mort ne sont qu'un,
comme sont un la rivière et la mer.

Khalil Gibran

Préface

Quatre événements, en cette fin de siècle, transforment l'évolution des sociétés humaines.

Premier événement, la prolongation de la durée de la vie de quatre-vingts à quatre-vingt-dix ans.

Deuxième événement, la prolongation de l'espérance de vie sans incapacité, avec des variations selon les pays, peut-être dues aux méthodes d'appréciation de ces prolongations.

Troisième événement, la différence confirmée entre les deux sexes, les femmes vivant plus longtemps que les hommes.

Quatrième événement, la diversité considérable des situations ainsi créées.

La grande inégalité, dans la vie, n'est celle ni de la fortune, ni de la richesse, ni de la pauvreté, ni des dons, ni du talent ou de l'absence de talent ; c'est celle des vingt ou trente dernières années de la vie. D'un côté, des vieillards vifs, alertes, enseignant, travaillant, peignant des chefs-d'œuvre comme Titien ou Claude Monet. De l'autre, des vieillards dépendants, accablant les familles et accablés par elles, ou attendant la mort dans des maisons de retraite.

La première partie du livre de Marie Ireland est consacrée à ces maisons de retraite. Nous y accompagnons tour à tour les personnes âgées et les personnes désorientées qui y vivent.

Longtemps, les hôpitaux ont été les demeures où l'on venait mourir. Dans certains d'entre eux, construits au XVIIe et XVIIIe siècles, des allées spéciales conduisaient de la salle des malades au cimetière.

Les indéniables progrès de la médecine, ces trente dernières années, ont fait reculer la maladie. Nombre de personnes, aujourd'hui, sortent guéries de l'hôpital. On en est tout naturellement arrivé à occulter la mort ; nos sociétés agissent comme si elle n'existait plus. La vérité est rarement dite au patient condamné par la science. Le chagrin est refoulé et la souffrance est loin d'être prise en compte comme elle le devrait.

Marie Ireland, abordant l'univers de ces malades en phase terminale, souligne toute l'importance des relations entre le personnel soignant et la personne en souffrance, qui doit être traitée avec amour et délicatesse, à son rythme et selon son désir, qui peut varier d'un moment à l'autre. Même diminuée, elle doit conserver sa dignité et être respectée. Elle doit surtout être aimée.

C'est ce que tente de prouver le livre émouvant et fort de Marie Ireland, tout entier inspiré par l'amour porté à ces femmes et à ces hommes dont elle accompagne la fin de vie. Certes, la souffrance et la mort sont toujours proches, mais proches aussi sont les espérances et la magie du verbe, source de toute relation humaine harmonieuse.

PR Jean BERNARD

J'avais quinze ans lorsque ma mère est morte d'un sarcome osseux, la forme la plus douloureuse du cancer. Elle a disparu en huit mois. D'août 1958, où elle interrompit ses vacances pour aller consulter un médecin, à avril 1959, où je me retrouvai devant son cercueil, je ne l'ai revue que quelques heures. Une demi-journée, le temps de me conduire à la pension qui allait m'abriter pendant son cheminement solitaire vers la mort. Puis une demi-heure à Noël et une demi-heure à Pâques, quelques jours avant son décès. Cette toute petite heure, au regard des quinze années durant lesquelles elle m'avait accompagnée, n'a été faite que de mensonges, dans le seul but de nous épargner, l'une et l'autre. Et, comme nous avions décidé de nier cette réalité qui nous crucifiait, nous n'avons pas su nous dire au revoir.

Elle s'est éteinte sans personne auprès d'elle. Elle avait trente-cinq ans, était mère de quatre enfants. La souffrance avait entièrement blanchi sa chevelure brune.

Je sais aujourd'hui que je lui dis au revoir chaque fois que je forme un stagiaire à l'accompagnement de fin de vie, et chaque fois que je me penche sur quelqu'un qui va mourir.

Introduction

Les paléontologues nous ont appris que, déjà, les hommes de la préhistoire enterraient leurs morts. Ainsi, l'ancestrale peur de la destruction et du néant remonte, dans la conscience humaine, à plus de quarante mille ans. Depuis, dans les grandes traditions orientales et occidentales comme dans les tribus les plus reculées, les vivants n'ont cessé d'honorer leurs morts d'attentions particulières érigées en rites. Ceux-ci s'attachent essentiellement au corps et à l'esprit du défunt, qu'ils aident à faire passer dans un autre monde, tout en permettant au survivant d'élaborer son processus de deuil et de reprendre sa place parmi les vivants.

IL Y A CINQUANTE ANS ENCORE...

La vie et la mort ont toujours été intimement liées. On ne peut vivre en ignorant que l'on mourra un jour. Jusqu'au début du XXe siècle, peu d'enfants en bas âge survivaient, ce qui était un drame pour leurs parents. Pour avoir le bonheur d'élever quatre ou cinq enfants, une dizaine de naissances étaient souvent nécessaires. Et il fallait bien s'accommoder d'une vie où la mort exigeait un si lourd tribut. Le compositeur Gustav Malher (1860-1911), dont la mère perdit sept des quatorze enfants qu'elle mit au monde, écrivait de sa sœur Justine : « Encore enfant, elle déposait des bougies tout autour de son lit. Puis elle se couchait, les allumait, et elle avait l'absolue certitude d'être morte[1]. »

Les guerres dans leur succession ininterrompue, la pêche et ses naufrages, la mine et ses coups de grisou, les grandes épidémies, les famines, ont étroitement lié vie et mort au fil des décennies. Soutenue par ses rites et ses traditions, la société vivait, soudée autour de ces grands malheurs. Elle affrontait la mort, comme elle affrontait la vie. La souffrance se disait, se pleurait, se partageait, jusqu'à trouver son apaisement.

Les progrès, durant ces cinquante dernières années, ont fait reculer la mort. Les avancées technologiques permettent de protéger le travailleur, et les avancées scientifiques non seulement d'étendre la longévité, mais aussi de prévenir la maladie. L'humanité a tout lieu de s'en féliciter et de se réjouir que les fillettes d'aujourd'hui rêvent de « devenir grandes » plutôt que de disposer des bougies autour de leur lit.

1. Kurt Blankoff, *Gustav Malher,* Robert Laffont, 1979.

Paradoxalement, nos moyens de communication modernes ont totalement banalisé la mort. Il est devenu courant d'entendre annoncer à la radio ou à la télévision, d'une voix froide, impersonnelle et dénuée de toute émotion, la disparition de centaines de personnes dans un accident d'avion, un tremblement de terre ou un conflit à l'autre bout du monde. De telles informations sont si fréquentes que nous les recevons avec le même détachement, refusant de nous attarder sur l'importance d'une vie et le traumatisme que provoquent ces tragédies.

La banalisation de la mort est telle que l'on ne se rend même plus compte de la place infime qu'elle occupe dans nos sociétés. Ainsi, lors du tremblement de terre de 1996 en Italie, les journalistes ont évoqué pendant quelques secondes la mort d'une dizaine de personnes sous les décombres, avant de s'étendre largement sur les pertes matérielles et artistiques, plusieurs églises s'étant effondrées. Le tremblement de terre de Lisbonne, qui fit près de cinquante mille morts le matin de la Toussaint de 1755, bouleversa tant Voltaire qu'il lui inspira, quatre ans plus tard, son fameux conte philosophique *Candide* ; si le siècle des Lumières permettait d'espérer que « tout est pour le mieux dans le meilleur des mondes », il n'était pas pour autant en mesure de terrasser le mal, puisque des drames aussi effroyables demeuraient possibles. Parade intellectuelle, dirons-nous. Nous en déployons d'autres de nos jours, beaucoup plus humbles, tels ces dons en vêtements, nourriture, argent, que nous faisons aux associations humanitaires lorsque surviennent de telles catastrophes. Rites modernes, sans aucun doute, dont nous ne saisissons pas toujours le sens, mais qui apaisent notre angoisse.

En deux cents ans, et spécialement ces cinquante dernières années, le regard que nous portons sur la mort a profondément changé. Élie Wiesel, lors d'un entretien télévisé sur les camps d'extermination, a très justement fait remarquer que rappeler la disparition de six millions de juifs dans les chambres à gaz revenait à n'évoquer qu'une partie infime de ce drame. Se contenter de ce décompte, c'est refuser de reconnaître que disparurent aussi six millions d'êtres porteurs d'une histoire inscrite dans celle de l'humanité. Ces morts ont connu les joies et l'innocence de l'enfance, se sont aimés, se sont mariés, ont guetté la venue de leurs enfants, les ont regardés grandir, animés pour eux, comme tous les parents du monde, de mille projets. Ils ont découvert la terreur, connu l'humiliation, puis l'indicible horreur. Ils sont morts plusieurs fois sur le chemin des chambres à gaz. Or, ces morts-là ne sont comptées nulle part, parce que personne ne veut les entendre ni les intégrer. L'un des ultimes outrages aux anciens déportés – Simone Veil en a fait la dure et amère expérience[2] – est le

2. Maurice Szafran, *Simone Veil. Destin,* Flammarion, 1994.

silence qui leur fut imposé à leur retour des camps. Non seulement on ne voulait pas les écouter, mais on refusait souvent de les croire.

La mort dérange. Elle nous terrifie, comme si elle était contagieuse. Plus elle recule, plus nous la nions et éprouvons du mal à l'aborder. Elle est la seule expérience qui ne soit pas transmissible, personne n'étant jamais revenu pour raconter l'ultime passage. Si l'on admet que tout décès nous renvoie à notre propre mort, notre indifférence devant ceux que l'on nous annonce chaque jour peut être considérée comme un moyen de défense. L'être humain étant un être de plaisir, l'idée de mourir ou de perdre ceux que nous aimons nous est insoutenable – d'autant plus qu'inconsciemment, nous attendons du progrès qu'il nous permette d'accéder à une sorte d'immortalité.

A une époque où la vie et la mort étaient intimement liées, les agonies, les veillées, les deuils, se vivaient dans les familles. Le quartier ou le village s'y associait. Maintenant que la mort a reculé, nous faisons comme si nous la refusions totalement : le malade décède à l'hôpital, le vieillard en maison de retraite. Nulle tenture noire n'orne plus les portes des maisons, aucune tenue vestimentaire ne désigne plus la famille endeuillée et personne ne semble se douter à quel point la plupart souffrent de cet anonymat, de cette solitude à laquelle les condamne notre monde moderne devenu si indifférent. En ville, on ne voit plus lentement cheminer les convois funèbres, sur le passage desquels la cité se recueillait, partageait la souffrance. Les corbillards, aujourd'hui, filent à toute allure, comme s'ils étaient pressés de se débarrasser de ce mort qui ose troubler la vie, le bonheur, les projets des vivants. La mort est devenue honteuse. On a oublié qu'elle est une suite naturelle de la vie. Ne lui donne-t-on pas, dans notre société dite « de progrès », la dimension d'un échec inadmissible ?

LA VIE EST UNE SUCCESSION DE MORTS SYMBOLIQUES

Elisabeth Kübler-Ross, médecin psychiatre américain qui a passé sa vie au chevet des mourants, considère la mort comme la dernière étape de la croissance. La vie, en effet, est une succession de petites morts qui nous permettent d'évoluer. Les traditions, les religions, accompagnent ces passages par autant de rituels : des fêtes dans nos sociétés, des épreuves pénibles dans les sociétés tribales. Le rituel marque l'appartenance et permet l'identification au groupe qui accompagne toute la vie. La naissance, le sevrage, l'arrivée d'un nouvel enfant dans la famille, les premières séparations exigées par ce que l'on appelle la « socialisation », peuvent être considérées comme les morts symboliques les plus rudes car elles éloignent de sa mère cet être jeune et fragile qu'est le tout-petit. Elles sont cependant nécessaires pour qu'il grandisse et prenne sa place dans la société. Puis vient le passage de l'enfance à l'adolescence, marqué en général par des fêtes religieuses – communion, confirmation, *bar mitsva*, initiations plus dures dans les sociétés tribales – qui marquent la mort de l'enfance et la préparation à l'âge adulte. Plus tard viendront d'autres deuils – par exemple la ménopause pour la femme, qui perd définitivement ce don de la vie qu'elle a jusque-là possédé ; la mère meurt en elle, et même parfois la femme car à la ménopause sont liées d'importantes étapes du vieillissement. Le progrès, certes, y remédie de manière spectaculaire. L'un n'empêche pas l'autre, mais la conscience d'en avoir fini avec la période féconde de leur vie demeure douloureuse, voire traumatisante pour certaines femmes.

L'âge de la retraite, enfin, sonne la mort sociale et la fin du rôle important que chaque citoyen a joué dans la cité durant de longues années. Ce rôle peut se poursuivre sous d'autres formes : engagement politique, humanitaire, social. Il est d'une importance capitale qu'il ne s'interrompe pas. L'entrée en maison de retraite est, elle aussi, considérée comme une mort symbolique : elle représente la fin de la liberté, la perte de l'autonomie, l'amoindrissement des rôles familiaux et sociaux que l'on était habitué à assumer. Se soumettre, c'est se démettre. Et se démettre, c'est commencer à mourir.

Malgré une indifférence apparente, nous sommes en recherche continuelle de rites, en quête perpétuelle de sécurisation intérieure. La réaction de milliers de gens à la mort de la princesse de Galles en fut un exemple frappant. On a pu croire, dès le décès connu, au simple regroupement de curieux, de fans, de badauds avides de sensations. Mais, peu à peu, s'est affirmée la conscience d'un deuil collectif : toute une symbolique renaissait, étayée par ce rassemblement d'une importance rare, ces longues heures d'attente nécessaires pour inscrire son nom sur les registres ouverts à cet effet, les larmes que l'on ne retenait pas, les rues transformées en champs de fleurs, l'obstination à prouver que l'on était bien venu pour exprimer sa peine. Il y a tout lieu de croire que beaucoup de personnes, au cœur de cette foule, portaient en elles d'autres deuils, lointains ou récents, qu'elles n'avaient pas réussi à apaiser. La façon dont la famille royale fut interpellée fut, elle aussi, révélatrice : une nation s'identifie à ses dirigeants et exige d'eux qu'ils soient aussi attentifs qu'elle, afin que le rite s'accomplisse entièrement. Dans ce cas précis, la notion de pardon intervenait également. Le pardon, la paix définitivement scellée, sont deux composantes importantes de la mort et du deuil. En obligeant leur reine à paraître, les Anglais, après l'hommage rendu au corps de la défunte, organisaient la libération de son esprit – ou de son âme –, selon leurs croyances. Ce rite n'est pas seulement religieux, il est ancestral, universel ; les participants aux obsèques l'ont exigé avec une obstination évidente, alors que la plupart d'entre eux en ignoraient sans doute la profonde signification. C'est dire la puissance de la tradition inscrite dans la mémoire collective. C'est dire aussi combien la mort demeure intimement liée à la vie. De nos jours, quelques grandes figures, tels John F. Kennedy, Grace Kelly, mère Teresa, ont eu droit à des obsèques ritualisées. De leur vivant, ces hommes et ces femmes célèbres n'ont pas forcément suscité l'intérêt ou la curiosité de tous, mais leurs funérailles ont été religieusement suivies par la majorité des habitants de la planète.

CES RITES DONT NOUS N'AVONS PLUS CONSCIENCE

Si la plupart de nos rites de deuil ont disparu, au point que, conscients de leur importance, nous envisagions d'en créer de nouveaux plus adaptés au monde moderne et laïc, l'Occident chrétien n'a cessé de perpétuer la tradition de toute une série de rites festifs célébrant la victoire de la vie sur la mort. Ils puisent certaines de leurs sources dans le monde païen. Ces fêtes commencent début novembre, période que l'on considère comme le temps des morts, pour se terminer à Pâques. A la Toussaint sont célébrés les saints et les martyrs qu'une vie douloureuse et exemplaire a menés au paradis, donc à la vie éternelle. Suit le jour des morts ; alors, les tombes des disparus se couvrent de fleurs. Bien avant l'Antiquité, déjà, ces fleurs étaient accompagnées de nourriture ; en cela, les survivants cherchent à apaiser cette culpabilité qu'occasionne immanquablement la disparition d'un être aimé et s'assurent qu'aucun mort ne reviendra les tourmenter pour se venger. Le folklore de nos campagnes est très riche en rites visant à préserver les vivants durant cette période : naguère, on évitait de s'amuser, on s'abstenait des tâches ménagères, le bétail restait enfermé, les pêcheurs ne partaient pas en mer[3].

Depuis quelques années ont reparu les couronnes de l'Avent que l'on accroche aux portes ou que l'on dépose sur une table, à l'intérieur des maisons. Elles sont composées de branches de sapin, de pommes de pin et de quatre bougies, dont l'une est allumée à chacune des quatre semaines précédant Noël. Ces bougies symbolisent les saisons. L'automne avec ses labours, ses premières brumes, ses fleurs qui meurent et ses feuilles qui tombent, annonce l'arrivée de la saison morte, l'hiver. Labourée, la terre s'endort dans une stérilité glacée. Les nuits rallongent, les ténèbres s'installent, angoissantes et hostiles. Le froid sévit, la neige et le gel pétrifient les quelques plantes qui ont survécu. Le soleil, pâle et lointain, ne fait plus que de rares apparitions. Toute vie semble avoir disparu pour laisser le champ libre à la mort.

---

3. Van Gennep, *Manuel de folklore français contemporain*.

On peut imaginer quelle fut l'angoisse des premiers hommes durant ces nuits d'hiver sans fin. Le 21 décembre est la date communément admise du solstice d'hiver, appelé aussi Saint-Jean d'hiver. C'est la nuit la plus longue, donc la plus ténébreuse de l'année. Dès les premiers jours de la nouvelle année, les jours rallongent et la lumière, peu à peu, réapparaît, chaude, bienfaisante, garante d'une vie qui reprend ses droits. La mort, une fois de plus, semble vaincue. Le 25 décembre – date fixée par le pape Liberus en 354 – commémore la naissance du Christ dans la tradition chrétienne. Dans l'évangile selon Jean (8 ; 12), Jésus annonce : « Je suis la lumière du monde. » Il est aussi celui qui, à Pâques, vaincra définitivement la mort et laissera au monde chrétien l'espoir de la résurrection, ou « re-naissance ». Bien d'autres rites accompagnent cette célébration, auxquels nous sacrifions, année après année, sans en connaître toujours le sens, mais qui ont toute leur importance dans notre relation à la mort.

Ainsi, le sapin de Noël, seul arbre qui ne meurt pas l'hiver, est-il gage d'immortalité. A l'origine, les enfants y accrochaient des pommes, ce fruit qu'Ève tendit à Adam avant que Dieu ne les chasse du paradis, où l'éternité leur était acquise, pour les jeter sur la terre où ils allaient devoir être confrontés à la mort. La bûche que nous trouvons sur chaque table le soir du réveillon, sous forme de gâteau, brûlait autrefois dans nos cheminées. Il était important qu'elle se consume lentement, de manière à conserver le feu le plus longtemps possible. Souvent, les tisons d'une bûche servaient à allumer la bûche du Noël suivant. Ainsi, la chaleur et la lumière symbolisaient la vie que personne ne souhaitait voir s'interrompre.

La dinde et l'oie, plats traditionnels des tables de Noël, sont considérées, dans la mythologie, comme des animaux solaires. Après les fêtes du solstice d'hiver ou de la Nativité, selon nos croyances, vient l'Épiphanie ou fête des Rois avec sa galette, ronde et dorée comme un soleil. On y dissimule une fève, symbole de germination, ou bien un enfant Jésus, symbole de naissance. Le printemps n'est plus loin, les semailles non plus. La terre se réveille, le soleil monte un peu plus haut chaque jour, la mort s'éloigne. Il reste à la vie une dernière victoire à consacrer que les chrétiens fêtent à Pâques. La mort est définitivement vaincue, la grande angoisse de l'homme s'apaise sous la promesse de la résurrection et de la vie éternelle.

AFFRONTER LE NÉANT : UNE ULTIME HISTOIRE D'AMOUR

Il n'y a pas si longtemps, dans les chambres de nos grands-mères, étaient encore accrochés de grands tableaux représentant le paradis. On y voyait Jésus, rayonnant, assis sur une pierre avec, couchés à ses pieds, un lion et une gazelle. Nulle agressivité chez le lion, nulle crainte chez la gazelle. Image d'amour, de paix et de sécurité pour l'enfant – et l'adulte en train de se construire en lui – qui exigeait, devant une scène aussi lénifiante, qu'on lui explique ce qu'était la mort.

– Alors, on meurt pour toujours ?

– Oui, acquiesçait la grand-mère, honnête, malgré l'inquiétude qu'elle voyait poindre dans le regard du petit.

– Et on ne revient jamais ?

– Non, répondait-elle, toujours aussi honnête, mais en prenant l'enfant sur ses genoux pour ne pas voir le visage se plisser d'inquiétude.

– Alors, je ne te verrai plus jamais ? Je ne verrai plus jamais mon papa, ma maman ?

– Si, justement ! Là-haut, chez le Bon Dieu. Là où les lions ne mangent plus les gazelles, où tout le monde se retrouve pour être heureux pour toujours.

Quel apaisement pour les croyants et pour la mère qui apprend la vie à son enfant ! Car apprendre à vivre, c'est apprendre à mourir. Mais comme c'est difficile ! Même dans notre langage le plus courant, nous nions la mort tant elle nous est insupportable. Ne disons-nous pas, en évoquant un défunt : « Il est parti », comme s'il allait revenir ; « il nous a quittés », comme si nous allions le revoir ; « il s'est endormi », comme s'il allait se réveiller. Françoise Dolto a raconté l'histoire d'une femme dont le père venait de mourir. Son chagrin était immense. A son petit garçon, elle expliqua qu'elle avait *perdu* son père. Quelques jours plus tard, elle trouva l'enfant plongé dans des pleurs qu'elle eut grand-peine à consoler. Il finit par lui expliquer qu'il avait *perdu* son ours. En réalité, le père était *mort* et l'ours *égaré*. L'emploi du mot juste permet d'énoncer clairement un message nécessaire. Souvent, l'adulte, projetant sa propre souffrance, veut l'éviter à l'enfant qui, lui, affronte la mort de manière plus naturelle. J'ai le souvenir d'un garçon en dernière année de maternelle dont la mère était décédée depuis quelques mois. Un jour, à l'école, une mère d'élève, se trompant, lui dit : « Ta maman vient d'arriver, elle t'attend dehors. » Au milieu des adultes pétrifiés, l'enfant se tourne vers elle et lui explique calmement : « Ce n'est pas ma maman. Ma maman est morte. »

Le biologiste Jean Rostand résume toute la difficulté à affronter le néant : « La mort est pour moi la cessation totale et définitive de l'être. Je n'ai jamais eu, à cet égard, et même dans ma jeunesse, le moindre doute, et cette certitude n'est pas faite pour me faciliter la vie. Tout ce que peuvent espérer les gars de mon espèce, c'est de trouver dans le travail ou dans l'amour de quoi leur faire oublier passagèrement l'existence du néant. »

Voilà pourquoi l'accompagnement de fin de vie, ce lent cheminement à travers la dernière étape de la croissance, n'est rien d'autre qu'une histoire d'amour.

1

L'accompagnement des personnes âgées

Si tu veux endurer la vie,
organise-toi en vue de la mort

Sigmund Freud

MA PEUR DE LA MORT, UN APPRENTISSAGE DE LA VIE

Comme beaucoup, j'ai longtemps eu peur de la mort. Je sortais de l'adolescence lorsque mon grand-père paternel entra en agonie. Il avait quatre-vingts ans et se mourait d'une mauvaise bronchite. Ma grand-mère l'avait fait installer sur le divan du salon. On nous avait permis, à mon frère et moi, une visite discrète. Nous observions de la porte le vieillard qui râlait faiblement, la bouche entrouverte, à l'autre bout de la pièce. Nous n'avons pas eu le droit de l'approcher pour lui prendre la main, ni de l'embrasser. Il s'en allait, seul, et nous le regardions partir, aussi seuls que lui. Aucune parole, aucune larme, juste la découverte déconcertante d'une vie qui s'achevait. Notre famille, protestante luthérienne, se voulait « éduquée ». La sentimentalité n'y était pas de mise. Dieu reprenait l'un de ses enfants : il convenait de se plier à sa volonté sans protestations ni pleurs. Face à ce dernier acte, aucune explication ne nous fut donnée, qui aurait permis un début de prise de conscience plus constructive.

Notre grand-père est mort quelques jours plus tard. Je suis alors revenue dans sa maison. Ma grand-mère m'a dit : « Va le voir, là-haut, il est si beau. » Je n'ai pas pu gravir jusqu'au bout l'escalier qui menait à l'étage. Tout mon être refusait cette confrontation avec la mort, initiation brutale à un état dont j'ignorais tout et qui me terrifiait. Je devais découvrir plus tard que, si l'on m'avait laissée auprès de lui au moment où il était passé de vie à trépas, je n'aurais pas ressenti ce malaise. J'aurais accepté la mort comme suite naturelle de la vie. Et le passage se serait fait en moi, comme il se faisait pour lui. En fait, cette angoisse de mort que ressentent beaucoup de gens relève plutôt de traumatismes de la première enfance, d'une éducation trop rigide ou de la manière dont la mort est perçue dans la famille, chacun reflétant les angoisses du groupe auquel il appartient.

UNE MORT ANNONCÉE QUI SE TRANSFORME EN « RE-NAISSANCE »

Une dizaine d'années plus tard, alors que je passais mes vacances en Corse, j'appris que ma grand-mère maternelle était mourante. Il fallait que je rentre de toute urgence. Je pris un avion pour

Strasbourg et me rendis à l'hôpital dans lequel elle avait été admise deux semaines auparavant pour une série d'examens qui n'avaient rien révélé d'inquiétant. Pourtant, elle s'était brusquement mise à refuser toute nourriture et sombrait dans une sorte d'état comateux dont personne ne pouvait la tirer. Je la trouvai sous perfusion. Une poche en plastique, sous son lit, était reliée à sa vessie. Le médecin, assisté d'une infirmière et d'une aide-soignante, m'annonça sa mort prochaine.

C'est toujours avec des yeux d'enfant que l'on regarde ses ascendants. On les a connus forts, protecteurs, « bien mis », comme disait justement cette grand-mère avec une coquetterie non dissimulée. Le choc fut rude de la retrouver alitée, dépendant d'appareils qui la maintenaient en vie. On n'imagine pas la mort de ceux qu'on aime. On la redoute, certes, mais comme un événement lointain et qui s'accomplira le plus tard possible. Je n'éprouvai pourtant pas cette panique que j'avais ressentie lors du décès de mon grand-père. De mon frère et de mes sœurs, j'étais la seule disponible. Je décidai de passer mes journées à l'hôpital. Jeunes, inexpérimentés, nous n'avions personne pour nous conseiller dans une telle situation. Pas un instant nous ne doutâmes du pronostic du médecin, que son savoir et ses fonctions rendaient tout-puissant à nos yeux.

Je passai les deux premières journées au chevet de ma grand-mère. Une grande complicité nous avait toujours liées, que ce soit dans mon enfance, au temps où ma mère – sa fille unique – vivait encore, ou après le décès de celle-ci, qui nous avait encore rapprochées. Je lui caressais le visage, lui parlais à l'oreille, chantonnais tout en lui rafraîchissant le front. Par moment, je la secouais doucement pour lui signaler ma présence. Je laissais aussi le silence s'installer, nos deux mains unies, nos bras formant le cordon qui nous reliait. Elle remuait de temps à autre en poussant un bref gémissement, mais ses yeux demeuraient obstinément clos et elle n'esquissait aucun mouvement pour se tourner vers moi. Elle semblait à mille lieues.

Les infirmières s'occupaient du goutte-à-goutte, changeaient la poche et faisaient sa toilette. Je quittais alors la chambre. Découvrir le corps de parents, avec tout ce que cela comporte d'interdits, sans leur consentement, et lorsqu'on n'exerce aucune profession qui aurait pu nous préparer à cette approche, est difficile. Un corps qui a vieilli nous renvoie implacablement et de manière angoissante à notre décrépitude future. Cela me fut épargné, mais je devais y être confrontée plus tard.

Chaque fois que je retrouvais mon frère et mes sœurs, nous envisagions la suite annoncée : le décès inévitable de notre grand-mère, puis son inhumation. Jusqu'au jour où ma belle-sœur, infirmière, intervint avec force : « Mais enfin, elle n'est pas morte, elle vit toujours ! » J'ignorais que ce mouvement de révolte allait me conduire, quelques années plus tard, à découvrir les écrits d'Elisabeth Kübler-Ross, puis de Marie de Hennezel, tout en travaillant moi-même sur l'accompagnement de fin de vie avant de l'enseigner à mon tour. Pour l'heure, il m'apparut que je m'étais résignée trop rapidement à l'annonce de la mort de ma grand-mère. Il lui restait peut-être une chance de continuer à vivre !

Dès le lendemain, j'arrivai à l'hôpital chargée de petits pots pour bébé, de jus de fruits achetés en pharmacie. J'obtins que l'on débranche le goutte-à-goutte, que l'on me permette de chauffer les aliments, et je me mis à nourrir ma grand-mère. Il me fallut tout d'abord la tirer de cette absence dans laquelle, chaque jour, elle disparaissait un peu plus. Ma voix fut une alliée précieuse, tandis que je lui présentais inlassablement à la bouche les petites cuillères de nourriture ou de jus de fruit. Je misais, pour obtenir une réaction, sur le goût qu'elle avait des bonnes choses. Cela fut difficile, mais je m'obstinai, la cajolant beaucoup, la forçant parfois, essuyant avec patience sur son menton ou son col ce que ses lèvres refusaient.

Je consacrai les jours suivants à l'alimenter sans me soucier des horaires. Elle mangeait peu, mais souvent. Elle finit par bouger, comme si, après avoir réappris le goût, elle se réappropriait le toucher. Ses gestes s'affermirent. Son regard se posa à plusieurs reprises sur moi, insondable, un peu flottant. Puis, tout à coup, avec un doux sourire :

– C'est toi ?

Elle m'avait reconnue, je le compris tout de suite.

Huit jours plus tard, je l'accompagnai à la chapelle de l'hôpital, tout au bout d'un long corridor. Elle y offrit un cierge à la Vierge. J'avais abandonné toute croyance depuis longtemps, mais cette petite flamme, devant nous, avait la vigueur, un peu vacillante encore, de sa main que je serrais fortement dans la mienne.

Orpheline de père, ma grand-mère avait été élevée au début du siècle par des religieuses. Lorsqu'elle eut cinquante ans, mon grand-père mourut. Elle avait la soixantaine lorsque disparut leur fille unique, ma mère. Cette enfance fragilisée, ces deuils successifs, avaient développé en elle ce que l'on appelle « l'angoisse d'abandon ». Si on l'assume relativement bien à l'âge adulte, ses symptômes font un retour en force avec la vieillesse. J'ai pu observer que la personne âgée qui en souffre se laisse la plupart du temps mourir. C'était manifestement ce qui s'était passé pour ma grand-mère.

Elle vécut encore six ans après cet épisode éprouvant. Elle en garda quelques séquelles qui se traduisaient par des pertes de mémoires momentanées. Elle habitait chez l'une de mes sœurs. Parfois, lorsque nous étions rassemblés, elle se campait devant l'un de nous pour nous demander, l'air absorbé, qui nous étions... Nous partions alors dans de grands éclats de rire. Malgré son cerveau fatigué, elle rosissait de plaisir au spectacle de notre joie. Ses « absences » étaient heureusement de courte durée.

Quelques semaines avant sa mort, les médecins nous annoncèrent qu'elle souffrait d'un cancer des poumons, maladie qui, à son âge, se développe très lentement. De courts séjours à l'hôpital Sainte-Blandine de Metz lui furent imposés, mais nous allions souvent la voir et la ramenions chez ma sœur dès que nous le pouvions. Un jour, en entrant dans sa chambre, nous trouvâmes l'un de ses oreillers sur le sol, à côté de son lit. Il fut vite ramassé et remis en place avec force cajoleries et fausses gronderies. En un éclair, les deux vieilles dames qui partageaient sa chambre firent tomber un objet qu'il fallut leur restituer avec la même turbulente tendresse. J'observai, ce jour-là, à quel point les personnes âgées en fin de vie demeurent avides d'attentions. La vieillesse est une période d'intense solitude pour tant d'hommes et de femmes qui ont su vivre avec plus ou moins d'intensité et qui se retrouvent abandonnés, comme mis à l'écart. Cette solitude annonçant la mort, comment ne ferait-elle pas peur ?

Ayant obtenu des médecins la permission de sortir de l'hôpital, ma grand-mère passa son dernier dimanche avec nous. Quoique frêle, elle conservait une certaine énergie qui lui permit de vaquer aux petits travaux ménagers dont elle s'était occupée toute sa vie. Son regard s'était assombri, avec, au fond, une lueur insondable qui m'inquiétait. Le contour de sa mâchoire s'affinait, les chairs devenaient diaphanes. Mais elle trottinait dans la maison et nous nous réjouissions du frottement familier de ses pantoufles sur le plancher. Nous l'avions tant de fois entendu ! Nous nous gorgions de cette parcelle de vie qui l'animait encore.

Le soir, nous la reconduisîmes à l'hôpital, persuadés qu'elle y serait mieux que partout au monde. Elle mourut brusquement le surlendemain matin. L'infirmière qui la trouva, gisant sur le sol, nous dit, en guise de consolation, que « cela » s'était passé très vite. Des reproches nous assaillirent : pourquoi ne l'avions-nous pas gardée à la maison ? Nous aurions pu l'accompagner, lui permettre de mourir entourée des siens ! Après toutes ces années, je suis convaincue qu'elle avait choisi le moment de sa mort, loin de nous, pour nous épargner. Les vieillards s'en vont souvent ainsi, à l'insu des vivants. Cela lui parut sans doute plus facile, au souvenir de ce retour que je lui avais imposé quelques années plus tôt. Aimer, c'est aussi savoir laisser mourir.

SA TÊTE ÉTAIT SI LOURDE SUR MES GENOUX...

Je retournai à ma vie familiale et à une activité professionnelle alors fort éloignée du milieu hospitalier, des maisons de retraite et des questions liées à la fin de la vie. Je travaillais dans une entreprise privée où la performance prenait largement le pas sur les questions métaphysiques. Un soir, alors que je rentrais chez moi, mon attention fut attirée par un attroupement à un carrefour, en bas de la rue Victor-Massé, à Paris. Ayant traversé la foule, je découvris une femme inanimée sur la chaussée. L'autobus qui l'avait heurtée bouchait le passage et les curieux qui l'entouraient nous protégeaient des voitures qui filaient sur le boulevard. Le corps allongé là, sans doute plein de vie quelques instants plus tôt, se trouvait comme désarticulé, abandonné dans une détresse qui m'émut. Je m'assis sur le pavé, soulevai la tête de cette femme et la posai sur mes genoux. Je me mis à caresser son front, ses joues, ses cheveux, tout en lui murmurant que les secours allaient arriver et qu'elle serait bientôt soignée. Du sang s'écoulait de l'une de ses oreilles. Autour de moi, les gens murmuraient que ce n'était pas bon signe. Je continuai à la bercer dans une incantation qui nous isolait, elle et moi, jusqu'au moment où l'ambulance arriva. Elle fut rapidement emportée. Je cédai à un tremblement de mon corps tout entier. J'allais, à l'avenir, connaître plus d'une fois ces décharges émotionnelles. Personne ne m'informa si cette femme était encore en vie et je ne songeai pas à le demander. Il me restait de la scène que je venais de vivre des impressions très fortes : la dureté du macadam sous mes jambes, l'odeur étouffante de la rue, le poids de la tête si lourde sur mes genoux, la moiteur de la peau sous mes doigts, le sang qui s'écoulait doucement sur la joue jusque dans le cou, et la proximité de l'autobus.

Je ne devais pas oublier ces sensations violentes, pesantes, intimement mêlées à la vie qui grouillait autour de nous. Elles sont toujours présentes, sous d'autres formes, autour d'un mourant. Chez un particulier, cela peut être un chien qui court dans la maison, une grue qui grince dehors, un coup de klaxon un peu fort dans la rue. A l'hôpital, c'est une machine à laquelle est relié le malade, le murmure d'une prière, les échos d'une chanson venue d'ailleurs. Paradoxalement, ces sons, ces présences, qui peuvent paraître incongrus, rattachent au mouvement de la vie la personne qui accompagne un mourant et que l'on appelle l'« accompagnant ». C'est un peu comme si elle s'accrochait d'une main aux choses réelles pour mieux pouvoir, de l'autre, mener le plus loin possible la personne en fin de vie.

PAS A PAS VERS L'ACCOMPAGNEMENT DE FIN DE VIE

Il me fallut quelques années encore avant d'être mise en contact direct avec le monde de la vieillesse et de la mort. La disparition solitaire de ma mère, la tentative de ma grand-mère de nous quitter prématurément et le souvenir de cette femme que j'avais soutenue sans savoir si elle était toujours en vie s'étaient inscrits en moi. J'en gardais de fortes convictions intérieures que je n'avais pas l'occasion d'exprimer. Je continuais à souffrir de la mort brutale de ma mère et m'épuisais dans une activité professionnelle intense. J'ignorais encore à quel point la douleur non exprimée est destructrice.

A trente ans, j'entrepris une analyse. Ce lent travail d'introspection était apparu nécessaire tout d'abord pour survivre, puis pour me révéler la voie qui allait, désormais, être la mienne. De mon enfance, période omniprésente dans toute analyse, je passai à la découverte de l'enfance en général. Puis, de façon logique, parce que l'on devient toujours le vieillard de l'enfant que l'on a été, j'en vins à l'étude des processus psychologiques liés au vieillissement et à la fin de vie. Lectures, sessions de formation, conférences et séminaires furent des alliés précieux dans ce lent cheminement que j'avais entrepris. A quarante ans, j'abandonnai l'entreprise, ses courbes de trésorerie et ses ratios de rentabilité pour renouer avec un rêve de mon enfance : enseigner. C'est tout naturellement vers les personnes « en souffrance » que je me dirigeai : réfugiés du Sud-Est asiatique souvent revenus d'un véritable enfer, que j'initiais au français ; jeunes sans diplôme qu'il fallait former aux réalités de la vie professionnelle ; adultes ayant perdu leur emploi et qui tentaient une reconversion difficile dans le monde du travail. Le secteur sanitaire et social occupait une place importante dans les formations que nous dispensions ; il me permit de découvrir l'univers des hôpitaux et des maisons de retraite où nos stagiaires effectuaient leurs stages en entreprise.

Il y a quinze ans, on parlait peu d'accompagnement de fin de vie. Cela ne nous empêchait pas d'approcher les malades et les vieillards en souffrance et d'évoquer, lors des cours que nous dispensions, ce que nous avions pu observer à leur égard. Un travail s'accomplissait en moi, lent, constructif et très enrichissant. Un jour, la nécessité nous apparut de former les futurs soignants[1] à l'« aide aux mourants », comme on disait à l'époque. Nous nous réunissions pour préparer une nouvelle action destinée à des jeunes femmes souhaitant assister les personnes âgées à leur domicile. L'un des participants, alors que nous bâtissions notre programme, attira notre attention sur l'opportunité d'y ajouter un module d'accompagnement de fin de vie.

Je me souviendrai toujours de la certitude qui m'envahit et de l'apaisement que je ressentis à ce moment. Ce fut comme si je découvrais enfin une voie longtemps cherchée, voie que, de manière inconsciente, j'espérais explorer depuis la mort solitaire de ma mère. J'avais trouvé ce à quoi, dorénavant, j'allais me consacrer. Quelques années plus tard, je montais mon propre centre de formation, spécialisé dans la relation d'aide et l'accompagnement.

L'ACCOMPAGNEMENT EN ÉTABLISSEMENT

Dans les années 80 ont commencé à disparaître les hospices, ces établissements qui recueillaient les personnes âgées, voire aliénées, et qui furent long-

1. Désigne dans cet ouvrage toute personne attachée à la maison de retraite, au milieu hospitalier, ou qui concourt au bien-être physique et psychologique du malade, c'est-à-dire aussi bien l'infirmière, l'aide-soignant ou l'agent de service.

temps de véritables mouroirs. Il faut avoir connu ces salles vétustes où les vieillards s'entassaient à huit, douze ou plus encore, abandonnés dans leur fauteuil ou sur leur lit, oubliés dans leur urine et leurs excréments. De minces cloisons ou de simples rideaux séparaient les lits sans pouvoir assurer une intimité que, de toute façon, nul ne respectait. La toilette se faisait à l'aide d'une cuvette que l'on transportait de l'un à l'autre, le gant et la serviette de chacun étant suspendus à une ficelle tendue au montant du lit. Il n'existait qu'une salle de bains dans tout l'établissement, où l'on conduisait l'un ou l'autre des résidents lorsqu'on ne pouvait plus faire autrement. Des seaux hygiéniques servaient aux besoins les plus pressants, et il planait dans tout l'hospice une odeur fétide qui se mêlait aux relents de chou trop cuit. La promiscuité était telle que les violences physiques n'étaient pas rares.

Pourtant, les soignants qui ont connu ce type d'établissement en regrettent certains aspects, notamment une organisation et une approche de la vie aujourd'hui révolues. La plupart de ces hospices étaient tenus par des religieuses que leur sacerdoce poussait à effectuer toutes les tâches, si ingrates fussent-elles, avec abnégation. Elles agissaient en femmes de terrain. Malgré la dureté que chacun s'accordait à leur reprocher, elles abordaient de manière lucide les problèmes de la vieillesse et de la mort. Chaque hospice possédait aussi son potager, tenu par les hommes, qui y passaient le plus clair de leur temps. Nourrir en partie la communauté les valorisait et entretenait en eux la certitude d'être utiles. On voyait souvent les femmes en lingerie, occupées à trier, ravauder, repasser le linge. D'autres s'activaient à l'épluchage des légumes. La terre avait nourri bon nombre d'entre elles ; en institution, elles continuaient à s'affairer comme elles l'avaient fait durant leur vie et demeuraient ainsi des personnes agissantes. Lorsque l'heure de la mort sonnait, les religieuses ou le prêtre qu'elles appelaient les accompagnaient au nom de leur foi. Apparemment, on mourait moins seul, en ce temps-là...

L'ÈRE DES RÉNOVATIONS

De grands changements s'imposaient toutefois. J'ai connu des maisons de retraite semblables à ces hospices insalubres. Elles abritaient, il n'y a pas si longtemps, des personnes grabataires que les progrès de la science avaient menées à un âge fort avancé. Comme aucune modernisation n'avait été entreprise par manque de moyens financiers, personne n'ignorait qu'en cas d'incendie, par exemple, la plupart de ces résidents mourraient, brûlés ou étouffés dans leur lit. Comme on ignorait aussi où les loger en attendant l'hypothétique rénovation, il n'y avait pas d'autre solution que de les laisser où ils étaient. Ces cas sont heureusement de plus en plus isolés. Depuis une quinzaine d'années ont fleuri en France une multitude d'institutions relativement agréables appelées « résidence », « foyer », « maison d'accueil », « maison familiale », « refuge », « fondation », etc. On les a baptisées Le Bois joli, Les Champs fleuris, Le Bon Repos, Le Bon Vieux Temps, L'Automne, Les Myrtilles, Saint-Pierre (avec, entrelacées sur le fronton, les clés du paradis) ou même encore La Tanière. Ces dénominations procèdent d'une évidente intention de rassurer ; elles évoquent une paix et une quiétude que recherchent sans doute ces anciens qui ont souvent connu la vie difficile de l'entre-deux-guerres puis la sombre période de l'Occupation. Pour eux débute aussi le chemin qui les mènera à leur mort, dernière étape de leur croissance, à en croire Elisabeth Kübler-Ross. On devrait donner à cette période de la vie autant d'importance qu'à l'enfance et l'adolescence ; malheureusement, elle se révèle difficile, voire inhumaine, pour beaucoup.

UN UNIVERS « CONCENTRATIONNAIRE » ?

Une institution, quelle qu'elle soit, obéit à un règlement bien établi. Elle a ses lois, ses obligations. Les nouvelles maisons de retraite, d'aspect si accueillant, se doivent d'honorer leur image de marque. Leur fonctionnement est celui d'une lourde machine chargée de réveiller, nourrir, nettoyer, aseptiser, soigner et coucher. L'établissement, qui tourne la plupart du temps avec un effectif réduit

– en raison de l'éternel manque de ressources –, se met en mouvement dès 6 heures le matin, pour ne s'arrêter que vers 18 ou 19 heures. Les résidents sont alors priés de s'endormir, si nécessaire au moyen de médicaments adéquats.

La maison de retraite peut avoir été choisie par la personne âgée, qui a décidé elle-même d'y vivre. Elle préfère ne plus habiter seule et la vie en collectivité ne l'effraie pas. Indépendante, valide, elle sait gérer agréablement ses journées. Elle s'impose à son entourage qui, souvent, la plébiscite dans le rôle gratifiant de « leader ». Elle conserve sa capacité de décision et demeure maîtresse de sa destinée. Mais de telles personnes sont rares. La plupart des vieillards intègrent à contrecœur une résidence du troisième âge.

J'ai le souvenir d'une visite à la maison de retraite de H. Assise en face du directeur, je discutais avec lui des progrès de nos stagiaires. Sur ma gauche s'ouvrait un long corridor menant au hall d'entrée. Le bruit d'un objet lourd glissant sur le carrelage attira mon attention. Je tournai la tête et vis un téléviseur qu'une main solide venait de propulser d'un bout à l'autre du hall. Deux valises suivirent le même chemin, puis un sac volumineux. J'entendis alors la voix forte d'un homme :

– Maintenant, on va chercher la grand-mère !

Quelques mois plus tard, alors que j'expliquais à un groupe de stagiaires que la rupture avec le milieu familial et l'entrée en maison de retraite s'assimilent à une mort psychologique, une très jeune femme intervint avec beaucoup d'aplomb :

– On ne peut pas toujours faire autrement ! Ma grand-mère vivait seule dans sa maison de huit pièces alors que nous vivions à quatre dans un petit appartement qui, en plus, nous coûtait cher !

– Sa maison lui appartenait, répondis-je. Elle y a passé sa vie, y conservait ses souvenirs... Si elle était capable de continuer à y vivre seule, il n'y avait aucune raison de la placer en maison de retraite.

– Si ! Il n'était pas normal qu'elle profite, seule, d'une si grande maison, alors que nous étions étroitement logés.

Je n'ai pas insisté, espérant que la suite de la formation permettrait à cette jeune femme de mûrir et d'assouplir ses jugements. Mais je n'ai pu m'empêcher de penser à l'époque où certains vieillards finissaient étouffés entre deux matelas...

Peu de gens imaginent ce que représente, pour une personne âgée, son placement en institution. Chacun sait que, lorsqu'un arbre a atteint une certaine maturité, il est déconseillé de le déplanter pour le replanter ailleurs : on risque de le faire mourir. Or, c'est ce que nous pratiquons couramment avec nos vieillards, sans imaginer la souffrance qu'ils en conçoivent. La littérature romanesque a amplement évoqué les années de pensionnat des enfants ou des adolescents, avec leur cortège d'angoisses, de traumatismes. Qui s'est penché sur ce que ressentent ces hommes et ces femmes qui, dans la dernière période de leur vie, se voient placés en collectivité, loin de leurs meubles, de leurs amis, de leur quartier, coupés de leurs habitudes, privés de ces petits rites dont chaque être humain tisse son existence quotidienne ? On oublie que leur vie leur appartient. Or, alors même qu'ils sont fatigués et aspirent au repos, on leur impose un déchirement. Après de longues années de soucis et de labeur, ils nourrissent des désirs de douceur et d'apaisement. Désir de faire la grasse matinée, par exemple, de prendre leur petit déjeuner à 9 ou 10 heures et de faire leur toilette plus tard. Mais non ! Le réveil intervient dès 6 h 30, annoncé par la voix claironnante des soignants qui les tirent d'un sommeil qu'ils n'ont peut-être trouvé que quelques heures plus tôt. Qu'importe ! Dénudé, lavé, rincé, frictionné avec vigueur, le résident trouve à peine le temps d'ouvrir les yeux. Quant au petit déjeuner, il est servi même s'il n'en a pas encore envie. Mieux vaut pourtant qu'il l'avale rapidement car, le dernier résident de l'étage servi, on s'empresse d'enlever son plateau au premier pour le rapporter à la cuisine. Après la toilette et le petit déjeuner débute le ménage de la chambre. Puis, dans ce petit univers bien réglé, le vieillard, installé dans son fauteuil dès 8 h 30, n'a plus qu'à attendre passivement le repas de midi.

Je n'ai pas vécu l'histoire de Poussinette ; on me l'a racontée. En fait, je connais fort peu de choses sur elle. Si je tiens à en évoquer le souvenir, c'est pour souligner à quel point, dans l'univers fermé de la vieillesse en établissement, on perd non seulement sa liberté, mais aussi son identité.

A quatre-vingt-cinq ans, Poussinette devait son sobriquet à ce qu'elle était devenue toute menue. Au fil des jours, on avait fini par oublier son nom. Chaque matin, le personnel la tirait de son sommeil avec force rires et cajoleries alliés à une grande énergie, sa chambre étant la première du corridor. On la tournait, la retournait, la brassant en un *nursing* vigoureux destiné à la mettre en forme pour la journée. Elle riait en reconnaissant son surnom, y puisant sans doute une tendresse dont elle était avide. Se souvenait-elle, elle qui avait vécu cette période où les jeunes filles étaient encore appelées « mademoiselle » et les femmes « madame », du prénom et du nom qu'elle portait alors ? Ne peut-on voir, dans cette habitude qui sévit abondamment d'appeler systématiquement les personnes âgées « papy » ou « mamy », la mort de celui ou celle qui, depuis sa naissance, a joui d'une identité qui l'a fort heureusement distingué de tous, pour en faire un être unique ? Appeler un résident par son nom ou son prénom – s'il l'autorise, bien sûr – est une règle à laquelle les soignants doivent – ou devraient –

tous souscrire. Contrairement à ce que l'on pense souvent, il n'y a aucune tendresse à appeler systématiquement les vieillards « pépé » ou « mémé », même s'ils paraissent y prendre plaisir. Il y a là un abandon d'une partie très importante d'eux-mêmes, l'oubli de celui ou celle qu'ils furent pour leur famille, leurs amis, la société.

Nombre de maisons de retraite, dans le simple but de protéger leur literie, imposent systématiquement à leurs nouveaux pensionnaires le port d'une couche, la nuit, et cela qu'ils soient incontinents ou non. On assiste alors à de tristes et rudes affrontements, desquels la personne âgée sort en général vaincue. J'ai vu des vieillards honteux, humiliés, acharnés à jeter loin d'eux cette protection infamante, même si l'utilisation s'en justifiait. J'en ai vu d'autres pleurer parce qu'on les avait habillés d'une sorte de barboteuse, solidement nouée dans le dos pour maintenir la couche en place et les empêcher de la défaire. Les personnes qui n'ont jamais connu de problèmes d'incontinence avant d'arriver en institution et que l'on oblige à porter une couche s'abandonnent bientôt pour devenir énurétiques, en moyenne après dix à douze jours seulement. C'est une première perte d'autonomie dont nul ne semble mesurer les effets, un premier glissement vers la mort.

Le sommeil est souvent un palliatif à l'ennui, voire à la dépression. Peu de résidents résistent à la sieste de l'après-midi, dite « postprandiale », qui précède les animations censées les distraire. Ces loisirs sont, en général, choisis par la direction et le personnel de service. Ils ne doivent en aucun cas troubler l'ordre ni la bonne marche de l'établissement. Rares sont les personnes âgées que l'on accepte, aujourd'hui, en cuisine, comme on le faisait au temps des hospices. On argue du fait qu'elles retardent la préparation des repas, ne sont plus capables de respecter un horaire et ne se plient pas forcément aux règles d'hygiène actuelles. Certaines maisons de retraite possèdent encore un potager dont les légumes régalent la collectivité, mais on préfère tout de même organiser des défilés de mode, des séances d'art floral, de danse ou de lecture. On fait des collages, on joue aux petits chevaux. Des téléviseurs sont installés un peu partout, dans des « coins salons » où se regroupent les personnes valides et où sont poussés les résidents en fauteuil roulant. J'ai vu une soprano chanter tout un après-midi devant une vingtaine de femmes sincèrement étonnées de l'honneur qu'on leur faisait. Elles en éprouvaient manifestement plus de considération pour la chanteuse que de plaisir personnel. N'eût-il pas été plus plaisant de leur faire entonner « Le Petit Vin blanc », « Voulez-vous danser grand-mère ? » ou « Ma Normandie » ? La même lassitude les anime lorsqu'elles assistent à des cours d'art floral dispensés par des animatrices. N'ont-elles jamais composé de bouquets durant leur longue vie ? N'ont-elles aucune idée, aucun désir, aucun « truc » à transmettre ? Ne sont-elles pas riches d'une expérience qui les rendrait, l'espace de quelques heures, nécessaires aux autres, leur prouvant ainsi leur importance ?

– On ne nous permet même pas d'emporter les bouquets dans notre chambre, m'a confié un jour une vieille dame.

Je me souviens d'un « après-midi crêpes » organisé à la maison de retraite de S. Bien sûr, c'étaient les jeunes soignantes qui tournaient la pâte et tenaient la poêle. L'une des résidentes, de plus en plus irritée à mesure que l'heure tournait, répétait en apostrophant tout le monde :

– Vous ne savez pas vous y prendre ! Ce n'est pas ainsi que l'on fait ! Personne n'a jamais réussi les crêpes comme moi !

Manifestement, elle souffrait de ne pouvoir transmettre son savoir, partager sa technique. Elle aurait voulu régaler son monde, comme autrefois, et se sentir estimée des autres en cette rare occasion. Enseigner ses secrets culinaires eût été pour elle une expérience forte. Hélas ! son entêtement à vouloir exister avait valu à cette femme une réputation d'éternelle mécontente, d'empêcheuse de tourner en rond. Elle ne jouait plus aucun rôle social, si humble fût-il. Avec cette sensibilité qu'exacerbe encore ce sentiment d'inutilité que l'on fait peser sur elles, les personnes âgées placées en institution savent que l'on ne cherche à les occuper que pour avoir la paix, sans faire appel à leur créativité ni à leur expérience. Leurs travaux sont considérés comme futiles et ne sont tolérés que lorsqu'ils entrent dans le cadre bien précis de l'ordre établi.

Le progrès, en cela, a bafoué bien des traditions. Jadis, le père et la mère détenaient le pouvoir et l'expérience, qu'ils transmettaient tout au long de leur vie. Aujourd'hui, le savoir des filles, grâce à l'accès aux diplômes, à l'émancipation féminine, à l'information quasi permanente en matière d'éducation, dépasse largement celui de leurs mères. Quant aux fils, formés aux technologies avancées, ils en remontrent à leurs pères et travaillent souvent plus vite qu'eux. Il y a, dans cette évolution, la perte d'un rôle social. Les jeunes générations ne reconnaissent plus la sagesse des anciens ; ceux-ci perdent la place enviable que leur expérience leur conférait au sein de la famille et du groupe social.

La rapidité avec laquelle évolue notre monde implique une succession de morts symboliques très éprouvantes. Il est à souhaiter que les hommes et les femmes qui vieillissent aujourd'hui recherchent de nouveaux rôles, et que l'époque charnière que nous vivons leur offre d'autres façons d'être. Il importe que ces artisans d'hier dont nous fîmes nos modèles ne demeurent pas, tels des spectateurs abandonnés, sur le bord d'un chemin où ils n'engagent déjà plus leurs pas.

J'ai le souvenir d'une autre journée. Quinze stagiaires, que nous formions aux métiers de l'aide à la personne, effectuaient un stage pratique en maison de retraite et avaient proposé d'organiser une fête africaine. La directrice, une jeune femme dynamique et entreprenante, adhéra au projet. Elle n'imaginait pas l'enthousiasme qu'il allait susciter chez ses pensionnaires. La salle à manger fut décorée par une partie des résidents, pendant que l'autre aidait en cuisine. Un vieil homme, son escabeau sous le bras et des outils à la main, installait des spots au plafond. Au repas de midi, la maison était inhabituellement bruyante, les femmes soulevaient les couvercles, humant les fumets qui s'en échappaient en faisant des commentaires gourmands, tandis que les hommes, galamment, s'occupaient de remplir les verres. Et partout, une curiosité vive, constante, comme s'il fallait ne rien perdre de ces heures bénies. Je venais souvent dans cette maison de retraite, mais jamais je n'y avais senti tant d'émotion, de gaieté. A la fin du repas, la directrice engagea les stagiaires à profiter de la sieste des résidents pour répéter une dernière fois leurs danses.

– C'est l'heure où ils vont tous dormir, vous avez tout votre temps pour revoir votre spectacle, leur annonça-t-elle avec conviction.

Elle se trompait. Au lieu de rejoindre leur chambre, la plupart des pensionnaires avaient tiré leur chaise autour de la piste où les jeunes femmes s'animaient en claquant des mains. Les vieux corps vibraient, accompagnant la cadence de la tête et du pied.

Ce fut une belle fête, à ne pas répéter trop souvent, de l'avis de chacun, à cause de la fatigue et de l'âge, malgré les souvenirs joyeux qui peuplaient les têtes à l'heure du coucher et qui alimentèrent maintes conversations les jours suivants.

Cette expérience souligne toute la difficulté qu'il y a à organiser la vie des personnes âgées en maison de retraite. La spontanéité, la générosité et l'enthousiasme des plus jeunes, à l'origine de telles animations, ne suffit pas à régler un problème bien plus profond. L'idéal serait que chaque maison de retraite dispose d'un animateur à temps complet, dont la tâche serait de connaître et de respecter les rythmes de chacun, d'impulser les activités selon les désirs et les capacités de tous.

Être artisan de sa vie demeure, en somme, le meilleur moyen de prolonger une vieillesse sereine et heureuse. Depuis peu, les résidents sont admis dans certains conseils d'administration chargés de gérer les dernières années de leur vie. Contrairement à ce que pourrait laisser penser leur passivité, ils se sentent concernés, et pas du tout désintéressés de leur sort. Ils sont toujours bien en vie, porteurs de désirs, animés d'un besoin de reconnaissance qui, certes, ne cadre pas toujours avec ce que la société a pensé et construit pour eux. D'ailleurs, beaucoup, lorsqu'on les incite à participer à certaines tâches ou à certaines activités, répondent avec agressivité :

– Ce n'est pas à moi de faire ça. Je paie pour être ici.

Pathétique manière de revendiquer sa place ! Mieux intégrés dans ce qu'ils ont de plus sacré – leur fin de vie –, ils n'éprouveraient pas le besoin de formuler ces réponses qui soulignent à quel point ils se sentent le jouet du désir des autres, et non les acteurs de leur propre désir. Certes, ils mangent, dorment, sont lavés et se reposent dans des chambres propres. On les amuse. On les promène aussi, parfois, lorsque des bénévoles venus de l'extérieur veulent bien s'en charger. Tout cela, ils le subissent. Ils en arrivent même à se sentir indésirables, tant ils ont l'impression de peser sur l'encadrement. On entend : « Je vous dérange, n'est-ce pas ? » « Ne vous en faites pas, je serai bientôt là-haut. » « Je ne vais plus vous embêter pour longtemps. » « Qu'est-ce qu'il attend, le Bon Dieu, pour me prendre ? » A moins que ces petites phrases ne soient autant de tentatives d'ouverture au dialogue, qui signifient en réalité : « Regarde-moi un peu, prends le temps de t'arrêter près de mon lit et de me parler. Lorsque tu m'adresses la parole, mets-y un peu de ton cœur, cherche tes mots pour moi, pour moi seul(e). Pas ceux que tu lances, à la volée, dans toutes les chambres où tu passes. J'ai tout mon temps pour t'écouter, tu sais. Et lorsque tu te tais parce que tu as trop de travail, ton silence est si lourd, ton affairement si distant, presque hostile, que je me sens déjà mort(e)... »

Ne voit-on pas à quel point cette dernière période de la vie est déjà une préparation à la mort ? Une vieillesse réussie dans l'action, la paix et l'harmonie permettra une mort sereine. Il faut donc qu'elle soit vécue de façon complète, totale ; de n'importe quelle manière, mais en toute liberté. Beaucoup s'écrieront, en songeant aux difficultés que rencontrent certains vieillards à assumer leur fin de vie : « On les y aide si peu ! » Les familles sont la plupart du temps absentes, et les soignants, malgré leur sensibilité et leur bonne volonté, trop peu nombreux. Lorsque surviennent les derniers moments, le rôle de l'accompagnant prend toute sa dimension. Sa tâche consiste à dispenser bien-être, sérénité et tendresse. Il est à l'écoute du vieillard jusqu'à la fin. Il n'ignore pas les difficultés à affronter lorsque, peu à peu, les capacités s'effritent et l'autonomie disparaît. Il a été formé, dispose de temps et offre toute son aide uniquement pour cela.

Les maisons de retraite devraient être non pas les antichambres de la mort, mais des lieux de vie. Pourquoi ne pas y installer – comme autrefois les potagers, les lingeries, les cuisines – des ateliers de bricolage, de peinture, un ciné-club géré par les résidents eux-mêmes ? Pourquoi ne pas y introduire des chiens dressés, des chats, des volières remplies d'oiseaux qu'il faudrait nourrir ? Pourquoi ne pas proposer les petits déjeuners, les déjeuners et les dîners dans des tranches d'horaires élargies ? Et même, pourquoi ne pas concevoir l'installation de haltes-garderies ou d'écoles à proximité des maisons de retraite ? Certaines récréations ou certaines heures seraient réservées à la visite des anciens, les enfants pourraient s'égailler et jouer au milieu d'eux... Apprendre à mourir, c'est pouvoir jouir de chaque instant de sa vie jusqu'à son dernier souffle.

L'ACCOMPAGNEMENT EN MAISON DE RETRAITE

Il semble que, du temps où les religieuses s'occupaient des hospices, le vieillard en fin de vie était mieux accompagné que de nos jours. Si sa famille était suivie par un prêtre, celui-ci l'assistait dans ses derniers moments. Sinon, les religieuses s'en chargeaient, pour aider son âme à accéder au paradis, s'il était croyant, ou dans l'espoir de le sauver malgré lui de l'enfer, s'il ne l'était pas. Le mourant se trouvait donc rarement seul, même si sa famille était absente.

De nos jours, les maisons de retraite sont devenues plus accueillantes. Les familles y viennent plus souvent, bien que toujours trop peu. Les directeurs, laïcs, se considèrent comme des gestionnaires et apportent toute leur attention à cette fonction. Le personnel soignant, plus sensibilisé par l'approche permanente des vieillards, ressent le désir de ne pas rester passif lorsque la mort arrive. Le regret est vif de ne guère disposer de temps, d'être appelé à d'autres tâches et enfermé dans des horaires stricts. Hélas pour certains, tout le monde ne meurt pas pendant les heures de travail...

La première fois que j'ai abordé, dans sa réalité, le problème de la mort en maison de retraite, ce fut en observant deux stagiaires qui y effectuaient un stage pratique. Le jour de ma visite, je les trouvai dans le corridor, en face d'une chambre dont la porte était grande ouverte. Elles n'osaient pas s'en approcher, s'interrogeant à voix basse :

– Tu crois qu'elle est morte ?

Parvenue à leur hauteur, j'aperçus, dans la chambre, une vieille femme à l'agonie. Elle était seule. Les stagiaires, âgées d'une vingtaine d'années, m'avouèrent qu'elles étaient pour la première fois confrontées à la mort, et qu'elles la redoutaient. Hélas ! j'étais moi-même venue dans un but bien précis et personne ne m'avait autorisée à pénétrer dans cette chambre. J'effectuai donc ma visite de stage en présence de ces jeunes femmes et de leur responsable. J'évoquai le sort de cette vieille dame qui était en train de mourir seule. On me répondit que, malheureusement, le personnel était occupé ailleurs. A la reprise des cours, deux semaines plus-tard, j'appris que mes stagiaires avaient continué à guetter la mort de cette femme depuis le corridor. Elle s'éteignit le lendemain matin, à l'arrivée de l'équipe de jour. Elle n'avait pas été plus assistée pendant sa dernière nuit que le jour précédent. Comme dans la plupart des établissements, il n'y avait que deux veilleuses de nuit pour quatre-vingts ou quatre-vingt-dix personnes. Ce sont parfois des stagiaires qui assument ce poste. Leur hantise est d'être confrontées à un décès lorsqu'elles sont seules. Elles se sentent soulagées qu'un vieillard veuille bien « attendre » le lendemain pour s'éteindre.

A part les prêtres – lorsqu'il y en a –, la famille et les bénévoles, il n'y a pas ou très peu d'accompagnants professionnels pour assister les vieillards en fin de vie. Par « accompagnant professionnel », j'entends un homme ou une femme dont le métier serait d'assister, le temps qu'il faut, avec amour et compétence, tout résident qui meurt en institution.

A l'heure actuelle, le seul moyen d'accéder à ces vieillards est d'obtenir l'accord de la famille. On rencontre alors deux types d'agréments : ou l'on vous laisse l'entière liberté d'agir tout en vous priant d'avertir lorsque tout sera terminé ; ou l'on vous permet des visites, seul ou avec un ou plusieurs membres de la famille.

Paul B.

Paul B. est mort à soixante-huit ans dans une grande solitude. Hormis sa sœur, les soignants et moi-même, personne ne s'arrêtait jamais près de lui. Il vivait en chambre particulière et dormait continuellement. Combien de fois l'ai-je trouvé en train de somnoler, tout habillé ? Bien bâti, sans handicap moteur, il aurait pu sortir, marcher, tailler des haies, ramasser des champignons. Les médicaments que l'on distribue, le soir, afin d'assurer des nuits calmes dans l'établissement, continuaient à agir le jour sur cet homme qui, manifestement, ne trouvait plus aucun goût à la vie. Lorsque les soignantes le secouaient avec une affectueuse rudesse, il avait tout d'abord du mal à les reconnaître. Puis un sourire radieux éclairait son visage. Il leur répondait avec gentillesse sans chercher à les retenir, en maintenant la conversation. Et, lorsqu'elles le quittaient, il replongeait dans son sommeil.

J'allais le voir deux fois par semaine. Avec moi, il ne changeait guère, parlant d'un ton monocorde du temps, de ses repas, de sa santé. Je tenais sa main dans la mienne ; elle s'y abandonnait, sans force, presque sans vie déjà. Parfois, je caressais son front, ses cheveux, pour solliciter son attention, le ramener à une certaine réalité. Je devinais que je le dérangeais en cherchant à éveiller un soupçon de dynamisme en lui. Il m'arrivait de croiser sa sœur, une forte femme qui le secouait. Elle ouvrait largement la fenêtre, lui reprochait de ne pas sortir, de se laisser aller. Il l'écoutait avec le même sourire lointain, la regardant déposer sur le lit le linge qu'elle lui apportait. J'ai vainement recherché un geste, une pression de la main, un regard qui eût trahi un désir de combativité, un quelconque plaisir. On l'avait enfermé là et il se laissait glisser, sans révolte, vers sa mort. Il donnait plutôt l'impression de vouloir hâter les choses.

On est toujours, répétons-le, le vieillard de l'enfant que l'on fut. Le vieillissement ouvre à nouveau le champ de traumatismes très anciens. Comment les assumer, sans une souffrance excessive, dans un environnement où tout est conçu en termes de rentabilité, propreté, plannings... Aux familles qui suggèrent l'embauche d'une employée supplémentaire pour mieux assister les résidents en fin de vie, on fait toujours la même réponse : « Cela représente tant de francs d'augmentation par famille et par jour. » Une petite somme en réalité : 4, 5 ou 6 francs. Soit de 120 à 180 francs environ par mois. Que de déchirements pour si peu ! Que d'affrontements, de refus, de prétextes et d'arguments ! Le vieux dicton qui dit que des parents parviendront toujours à élever six ou huit enfants, alors que six ou huit enfants ne se chargeront pas de leurs parents, est malheureusement toujours d'actualité.

Paul B. s'en est allé en catimini, un soir, à l'heure du dîner. Il a tiré sur lui la porte de sa vie, aussi secrètement qu'il en avait vécu les derniers mois.

Les soignants sont habitués à la toilette mortuaire, qui doit s'effectuer rapidement, avant que le corps ne se rigidifie. Le moment qu'ils redoutent le plus, celui où le chagrin rompt les digues de leur professionnalisme, survient lorsqu'il faut vider et nettoyer la chambre du défunt en vue de l'arrivée d'un nouveau résident, dès le lendemain. « C'est en effaçant ces dernières traces de son passage, disent-ils, que nous prenons vraiment conscience de sa mort. »

Suzanne F.

Suzanne F. était une femme vive, élégante, qui avait assisté son mari dans la gestion d'un magasin de meubles en région parisienne et qui était habituée à mener librement sa vie. Lorsqu'elle atteignit l'âge de soixante-dix ans – elle était veuve depuis une vingtaine d'années –, sa fille observa chez elle quelques absences : elle oubliait d'éteindre le gaz, de fermer sa porte à clé, de raccrocher le téléphone. Absorbée par son travail de cadre commercial, sa fille décida alors de la placer en maison de retraite. Elle choisit un établissement de bonne renommée en pays angevin, évoqua le cas de sa mère avec le directeur et recommanda que l'on prît grand soin d'elle, ce qu'on lui promit. Le problème parut réglé de la meilleure manière qui fût : Suzanne allait vivre dans un cadre agréable, au grand air, entourée de gens attentifs et prévenants. La nourriture était soignée, la chambre spacieuse et les loisirs nombreux : musique, lecture, mots croisés, jeux à profusion.

Les hiérarchies de la vie sociale se reproduisent et se poursuivent en établissement et Suzanne bénéficia, dès les premiers jours, de visites de résidents habitués, comme elle, à un certain train de vie. On me la décrivit, durant les premières semaines de son arrivée, comme avenante et s'accommodant fort bien de son nouveau sort. Puis, sans raison apparente, elle tenta une fugue. On la retrouva, errant à la recherche d'une sortie au fond du parc qui entourait la maison. Elle expliqua confusément que sa fille ne lui téléphonait pas et qu'elle ignorait la date de sa prochaine visite. Le directeur réussit à joindre l'intéressée. Le problème fut rapidement expédié : mobilisée par son travail et son foyer, elle ne pouvait pas passer tout son temps libre avec sa mère. Elle souhaitait donc que celle-ci le comprenne et se montre raisonnable. Bien sûr, le message ne fut pas transmis aussi crûment. Progressivement, le désespoir eut raison de cette espérance de jour en jour nourrie et de jour en jour déçue.

Suzanne commit d'autres tentatives de fuite, obstinées, pathétiques. La direction, se sentant moralement responsable vis-à-vis de la fille de Suzanne – et de fait, elle l'était –, prit la décision d'enfermer Suzanne dans sa chambre. En réaction, elle se laissa glisser dans une sorte d'aphasie, s'obstinant dans des silences de plus en plus longs et opposant à toutes mes tentatives ce seul mot : « Ma fille. » Sa détresse était telle que je sentis remonter en moi l'angoisse de mort qui accompagne chaque être humain. Les psychanalystes l'appellent « angoisse de castration ». Dans ce cas bien précis, la castration désigne la souffrance de s'épuiser dans un désir dont on sait qu'il n'aboutira jamais. La vie est désir. Et ce désir nous fait vivre. S'il devient impossible à réaliser, nous nous trouvons en face du néant, donc de la mort. Cette angoisse, bien connue des accompagnants, est plus ou moins violemment ressentie par chacun. C'est elle, sans doute, qui avait surgi lorsque, adolescente, je n'avais pu me recueillir devant la dépouille de mon grand-père. J'étais trop jeune et ne possédais pas encore la pratique analytique qui m'eût permis de l'identifier.

La certitude que vivait Suzanne d'avoir été abandonnée, la conscience brutale qu'elle n'assouvirait plus jamais son désir de revoir sa fille, lui furent fatales. Elle vieillit d'un seul coup, refusant d'assumer ces soins qui l'avaient jusque-là maintenue en forme, agréable à regarder et à côtoyer. Les soignants, les autres résidents et moi-même ressentîmes profondément la réaction de cette femme qui, brusquement, nous renvoyait à nos propres fragilités, donc à l'image de notre propre fin. Nous en avons beaucoup parlé entre nous, recherchant si nous n'avions pas commis, nous aussi, quelque maladresse. Puis nous avons pensé à contacter sa fille pour la raisonner. Mais nous savions qu'il était trop tard ; quelque chose s'était brisé, que nul ne pourrait plus réparer. Il ne nous restait qu'à entourer Suzanne d'une grande tendresse, prolongeant les moments où nous la coiffions, la maquillions, espérant, par un contact doux et fréquent avec son corps, lui conserver un peu de goût à la vie. Je lui lisais de courts articles sur l'actualité, lui passais les disques qu'elle aimait. Je devinais, à de brefs sourires, à de petits frôlements de sa main sur la mienne, qu'elle appréciait tout cela. En fait, elle ne poursuivait qu'un but, pour lequel elle ménageait des forces que nous ne lui soupçonnions plus : rejoindre sa fille. Elle tenta encore plusieurs fugues. Puis elle renonça et s'éteignit. Elle n'avait passé que quatre mois dans cette maison qui aurait dû lui assurer une fin de vie longue et heureuse.

Ne nous leurrons pas : l'accompagnant ne remplace jamais l'être aimé qui fait défaut. Il aurait tort d'en avoir la prétention. Il se contente de cheminer au côté de la personne en souffrance et de la « relier », en quelque sorte, à la vie qui continue autour d'elle. Avec Suzanne, notre principale préoccupation fut de ne pas la laisser trop souvent seule, confrontée à cet abandon fatal.

J'ai souvent eu le sentiment – mais ce ne fut peut-être qu'une impression – de la détourner de sa souffrance lorsque j'étais près d'elle, de dévier ce chagrin dont elle se meurtrissait et de lui procurer, durant quelques heures, un peu de répit. Jamais je n'ai tenté de remplacer sa fille. J'aurais eu tort de l'engager dans cette voie si j'en avais décelé, chez elle, le désir. Accompagner n'est en aucun cas éviter à l'autre ces deuils qui le frappent, qu'il soit capable de les endurer ou non. Accompagner, c'est aider l'autre à vivre son histoire sans chercher à en changer quoi que ce soit.

« IL FAUT Y VIVRE... »

Dans chaque établissement, comme à l'extérieur, une hiérarchie sociale se met en place. Elle repose, en général, sur les ressources de la personne âgée ou sur les relations que sa famille entretient avec elle. Une personne que les siens viennent visiter chaque jour, et s'ils entretiennent de bons rapports avec le personnel et la direction, bénéficie d'une reconnaissance générale. Cela va de la chambre bien orientée aux conversations fréquentes et amicales, des petits services rendus à un cocon d'affection plus serré. Un résident qui ne reçoit aucune visite et ne dispose que de peu d'argent reste isolé ; seule l'entoure la tendresse de certains soignants, conscients de cette relative injustice, révoltés mais régulièrement rappelés à l'ordre.

Je me souviens d'être allée visiter une très belle maison de retraite, située sur l'Atlantique. J'étais accompagnée de quelques stagiaires qui devaient y passer trois semaines pour valider leur formation. Dès le hall d'entrée, nous fûmes séduites par les baies vitrées, les plantes vertes, le petit jet d'eau autour duquel une vingtaine de dames âgées admiraient les poissons rouges. Seule une stagiaire perçut la toute petite voix qui lança, en contrepoint à notre ébahissement : « Il faut y vivre, vous savez. »

Plus qu'ailleurs dans cette maison de renom, la hiérarchie s'exerçait au grand jour. Les résidents aisés étaient invités à la table du directeur, alors que ceux dont la pension n'était pas arrivée en temps et en heure se voyaient privés de savon de toilette. D'autres, qui n'avaient plus de famille, étaient relégués en bout de corridor, où les rares incursions du personnel et des visiteurs soulignaient encore leur solitude. Le mépris, le désintérêt et la rudesse dont on entoure certains vieillards leur renvoient une image très déstructurante d'eux-mêmes. Comment peuvent-ils alors s'aimer, sans la manifestation d'un minimum de respect et de tendresse ?

Juliette B.

C'est en bout de couloir que l'on avait installé Juliette, une vieille demoiselle de quatre-vingt-deux ans qui n'avait plus aucune famille. Un diabète mal soigné l'avait rendue aveugle une dizaine d'années auparavant. Ancienne institutrice, elle gardait un vif intérêt pour toutes sortes de sujets. Son handicap visuel ne l'avait pas abattue et elle avait appris le braille, si bien qu'elle gardait l'esprit alerte. En outre, elle entendait fort bien et demeurait pleine de verve. La première fois que je la rencontrai, elle conversa avec beaucoup d'humour et de vivacité. J'admirai sa volonté de vivre le plus normalement possible et surtout... le plus longtemps possible.

Je n'avais, de prime abord, mesuré ni la solitude ni l'abandon dans lequel on la confinait. Elle finit par s'épancher, par petites touches. Elle me confia un jour, entre deux boutades, que, pour l'occuper, on allumait son poste de radio dès le matin, sans se soucier des émissions qu'elle préférait écouter. Et, pour qu'elle ne risque pas de le faire tomber, on veillait à le placer loin d'elle. Personne n'ignorait qu'elle possédait de nombreuses cassettes sur des sujets pour lesquels elle se passionnait ; il eût été facile de tout disposer à portée de sa main pour qu'elle puisse passer de bons moments. Je m'y employai, sur ses instructions. Mais ce silence, parfois, autour d'elle !

Elle avait appris à «voir» avec ses oreilles, m'expliqua-t-elle. Elle reconnaissait les femmes de service à leur pas, à leur manière de passer la serpillière, de prendre et de déposer les plateaux sur le chariot, dans le corridor. Elle savait qui recevait de la visite en écoutant, dehors, le bruit des voix ou celui des voitures. Dès lors, pourquoi la maintenir loin des autres, comme si elle eût été incapable de participer à une quelconque activité ? Personne ne prenait le temps de la faire sortir. Elle n'avait sans doute pas mis un pied dans le jardin depuis des années. J'évoquai son cas avec les soignants. On me répondit que cela dépendait de la direction, mais le directeur, que cela ne préoccupait pas, me conseilla de m'adresser... aux soignants. Nos stagiaires, de retour au centre de formation après leur mois de stage, nous apprirent que c'était là le sort réservé aux vieillards sans famille. Elles avaient bien tenté, comme certains soignants avant elles, de s'attarder auprès de Juliette. On leur avait fait comprendre que le bavardage n'était pas prévu par leur contrat et qu'il était de toute façon dangereux et malsain de s'attacher aux gens que l'on soignait.

La vie, parfois, sait se montrer tendre pour ceux qu'elle a si longtemps malmenés. Juliette eut une mort très douce. Ayant appris qu'elle se remettait mal d'une grippe, je passai la voir après l'un de mes cours. Marie-France, l'infirmière, se trouvait près d'elle. Son statut de femme diplômée, le fait qu'elle fût associée à l'équipe de direction, lui permettait d'aller et de venir à sa guise dans l'établissement sans avoir à se justifier.

Comme tout était paisible dans la pénombre de la chambre où la vieille demoiselle se mourait ! Marie-France avait arrangé le lit sur lequel reposait Juliette, disposant traversin et oreiller avec une tendresse évidente. Pour son dernier voyage, elle lui avait passé une chemise de nuit à col et à poignées de dentelle, et sa natte de cheveux blancs, soigneusement tressée, coulait doucement sur sa poitrine. Je m'assis près du lit et pris l'autre main de Juliette dans la mienne, une main presque diaphane, aussi fragile qu'un oiseau. Elle remua imperceptiblement et je sus qu'elle m'avait reconnue. Le silence de la chambre me paraissait maintenant trop lourd à l'approche de la mort, alors qu'à tout autre moment il m'eût semblé intime, extraordinairement paisible. Dehors, une pluie fine mouillait le jardin ; une gouttière qui débordait, tout près de la fenêtre, laissait entendre un bruit de cascade. La vie, à quelques pas de là, se rappelait à nos esprits anxieux, indéfiniment. Nous ne quittions pas Juliette des yeux. On aurait pu croire qu'elle dormait si son corps, par moment, n'avait été agité de petits sursauts.

– Je crois bien que je m'en vais, murmura-t-elle soudain.

– Allez en paix, ma Juliette. Nous sommes là, tout près de vous, et nous ne vous quitterons pas, lui répondit Marie-France en portant à sa joue la main qu'elle tenait dans la sienne.

Quelques minutes plus tard, nous perçûmes comme un frémissement – à moins que ce ne fût un bruissement d'ailes ? Marie-France pleurait. Cela suffit à faire exploser mon propre chagrin. Il n'y a aucune honte à pleurer ; les larmes sont une manifestation du corps et de l'esprit en état de détresse. Contenues, elles se rappelleraient à notre souvenir sous la forme d'autres manifestations, plus douloureuses. Pleurer, c'est encore accompagner.

« Va, ma Juliette, envole-toi vers les anges ou vers les étoiles, comme tu veux. Je sais que tu n'étais pas croyante, tu avais été l'une de ces institutrices enfantées par la République. Coule-toi dans le grand univers et oublie ceux qui passaient sans te voir, brouillaient ton espace et volaient ton temps, ce tout petit temps qui te restait à vivre. Tu es libre, maintenant. Le ciel, la terre, l'éternité t'appartiennent. Va, Juliette, ma sœur. Élève-toi, loin, très loin... »

Marie-France m'invita, quelque temps plus tard, à boire un café dans l'infirmerie. En tournant sa cuiller dans sa tasse, elle me raconta ses accompagnements solitaires. Elle me décrivit ces familles qui acceptent de se déplacer, mais qui demeurent au pied du lit, ou près de la porte, comme pour s'enfuir plus vite, sans oser approcher ce père ou cette mère qui vit ses derniers instants. Sont-ils si longs à supporter, en regard de toute une vie ? Elle me rapporta ces injonctions lancées avec cette autorité un peu forcée qui cache la mauvaise conscience mêlée de peur ou d'égoïsme : « S'il (ou elle) meurt cette nuit, surtout ne me dérangez pas. Vous m'appellerez demain matin. »

Elle me confia aussi d'autres histoires, plus émouvantes, pathétiques, mais en quelques mots seulement – elles sont si rares ! Il existe des familles qui entourent leurs mourants, qui se relaient à leur chevet, leur parlent en pleurant ou avec cette sérénité conquise dans l'amour. On croirait entendre une berceuse et l'on perçoit, derrière ces gestes d'une infinie tendresse, non pas un adieu, mais l'annonce d'une renaissance. En l'écoutant, j'imaginais une famille enveloppant son vieillard d'un linceul d'amour, le déposant dans une nacelle et le poussant sur un fleuve, l'accompagnant vers l'autre rive. Merci, Juliette, merci, ma douce, pour ces images que ton départ a suscitées en moi ! Quels merveilleux messages tu m'as légués ! Qu'ils sont lumineux !

Albert G.

Il ne me paraît pas possible d'assister à la mort de toutes les personnes en fin de vie que l'on accompagne. C'est une tâche infiniment difficile. Et puis, cette succession de pertes ne permettrait pas la reconstruction qui doit suivre chaque décès.

N'oublions pas que chaque mort nous renvoie à notre propre disparition, que nous sommes des vivants et que nous avons, nous, besoin de vivre pour mieux soutenir ceux qui vont mourir.

Albert G. était le père d'une jeune voisine, Maryse, avec qui j'entretenais de bonnes relations. Elle était mariée, mère de deux fillettes. Albert, veuf, avait vécu quelques mois dans son foyer, mais, l'époux de Maryse ne supportant plus cette cohabitation, il avait été contraint d'entrer dans une maison de retraite située non loin du domicile de sa fille. L'établissement était agréable et bien tenu. Albert y possédait une chambre au rez-de-chaussée, agrémentée d'une large baie vitrée donnant sur une pelouse plantée de rosiers. Il avait pu la décorer d'objets personnels : maquettes de bateaux et, accrochées aux murs, cartes du monde qui retraçaient ses nombreux voyages d'ancien capitaine au long cours. La première fois qu'elle partit en vacances avec son mari et ses enfants, Maryse me demanda si je pouvais rendre quelques visites à son père, afin qu'il ne se sente pas trop seul. A l'époque, je disposais de temps. Je m'y rendis donc chaque jour.

Les conversations avec le vieil homme étaient agréables. Il était en bonne santé et son esprit était resté vif. Il l'entretenait en lisant et en narrant à ses voisins de couloir, comme à moi-même, les souvenirs de ses séjours à l'autre bout du monde. Pourtant, à certains silences inopinés, à ces regards qui soudain s'embuent, on devinait à quel point le départ de sa fille et de ses petits-enfants l'attristait. Mais il semblait s'en accommoder. Il luttait, en tout cas, pour s'y contraindre.

Cette première séparation de trois semaines s'était bien passée. Maryse prit l'habitude de faire appel à ma disponibilité. Dès qu'une période de vacances scolaires s'annonçait, elle me demandait de la remplacer auprès d'Albert. Lui m'accueillait toujours avec la même courtoisie joyeuse. Nous repartions alors pour nos voyages, au fil des cartes qu'il piquait de punaises de couleurs pour marquer les escales.

Au fur et à mesure que le temps passait, j'observai cependant qu'il y mettait moins d'entrain. Son dos se voûtait, sa main tremblait. Il en venait à confondre le Siam et le Cambodge. Je compris bientôt que ses souvenirs n'étaient plus qu'un prétexte pour ne pas évoquer la douleur secrète qui le rongeait. Sa fille, lorsqu'elle partait, ne lui téléphonait jamais pour lui annoncer qu'elle était arrivée à bon port. L'incertitude dans laquelle le plongeait ce silence l'affectait profondément. J'avais évoqué ce problème avec elle lors de précédentes séparations. Elle m'avait rétorqué :

– Si je lui téléphone, il prendra l'habitude de m'entendre et je devrai l'appeler tous les jours...

L'expérience, dans ce domaine, m'a prouvé que toute argumentation est inutile lorsque des enfants se mettent à tenir de tels raisonnements sur leurs parents. Ils n'ont certes pas cessé de les aimer, mais ils assument difficilement le choix qu'ils doivent faire entre la famille qu'ils ont fondée et celle dont ils sont issus. Ce choix est encore plus difficile si le conjoint se montre exigeant et peu désireux d'entretenir des relations avec l'un de ses beaux-parents vieillissant. Maryse se sentait déchirée entre ces deux hommes qu'elle aimait. Elle s'était installée dans un compromis qui lui convenait : son père en maison de retraite, pour prix d'une entente harmonieuse avec son mari. Elle n'était pas prête à risquer cette paix provisoire en offrant à son père une brèche dans laquelle il se serait engouffré.

Je fus, de mon côté, obligée de m'absenter une semaine. Je l'expliquai à Albert. Il semble, hélas ! que la plupart des personnes âgées ne puissent aucunement accepter le sentiment d'abandon provoqué par la moindre défection dans leur entourage. Lorsque je revins, je le trouvai pâle et défait. Je découvris, dans le petit meuble où il rangeait les alcools qu'il réservait à ses invités, une bonne demi-douzaine de bouteilles de porto vides. Il se remit à évoquer ses voyages, mais il restait assis dans son fauteuil, près de son lit, loin du mur. Il portait ses pantoufles, alors qu'il avait toujours mis un point d'honneur à enfiler des chaussures pour recevoir. Quelques jours avant que sa fille ne revienne, il me dit soudain :

– Finalement, il est beaucoup plus court qu'on ne le pense, ce voyage-là...

Sa main, contrairement à son habitude, ne m'indiquait aucune direction sur les cartes où nous avions tant voyagé ensemble. Elle demeurait inerte sur son genou et criait toute la détresse d'un vieil homme qui renonçait à la lutte. Je m'approchai de lui.

– Voulez-vous qu'on en parle ?

– Et ça n'aura pas été forcément le plus agréable, ajouta-t-il encore.

Il oublia cette fois ses voyages pour évoquer sa femme, l'enfance de sa fille. Il les avait toutes deux si peu vues, étant toujours par le monde... Il se mit à retracer un passé plus intime, me montra des photos que je ramassai, éparses sur son lit, avant de repartir.

Les vieillards n'ont pas peur de la mort, ils s'y glissent doucement, comme naturellement. Ils redoutent la souffrance, la déchéance. Ils craignent d'abandonner ceux qu'ils aiment, d'être une charge pour leur entourage. Mais, lorsqu'ils sentent leur fin venir, nulle révolte, nulle violence en eux. On dirait qu'ils ont soudain sommeil d'éternité.

Maryse était revenue de vacances lorsque son père mourut. Mais il est mort seul, une nuit, pendant son sommeil.

Éliette et Armand

Veufs, âgés d'environ soixante ans, Éliette H. et Armand R. s'étaient rencontrés une dizaine d'années plus tôt et avaient décidé d'oublier ensemble leur solitude. Éliette avait été professeur d'anglais. Elle n'avait jamais eu d'enfants. Armand, dessinateur industriel, était le père de deux fils qui vivaient en Afrique. Rien ni personne ne s'opposait donc à leur union, qu'ils choisirent de vivre libre, selon l'air du temps.

Sept années plus tard, conscients que leur santé périclitait, ils envisagèrent leur entrée en maison de retraite. Ils choisirent l'établissement avec grand soin, réclamant d'y vivre en couple, bien que n'étant pas mariés. Quelle ne fut pas leur consternation lorsqu'ils découvrirent que la chambre d'Éliette se trouvait à l'étage des femmes et celle d'Armand à celui des hommes ! Dociles et polis, ils ne se plaignirent pourtant pas. C'est une caractéristique du vieillissement que de ne plus savoir ni exiger ni tempêter. Ils crurent simplement ce qu'on leur dit :

– Nous vous donnerons la chambre réservée aux couples dès qu'elle sera libre.

Ils ignoraient à quel point, à l'époque, la sexualité des personnes âgées, jugée repoussante, était encore taboue. Vivre dans le péché était inacceptable, et vivre dans le plaisir impensable à un âge aussi avancé ! Dans un établissement si renommé, quel exemple pour le personnel soignant !

Éliette et Armand prirent donc leur mal en patience. Ils se voyaient dans le jardin, dans le salon et la salle à manger. L'espoir d'obtenir un jour la grande chambre et de pouvoir y vivre ensemble atténuait leur chagrin. Ils s'aidaient mutuellement dans ce renoncement provisoire et supportaient leur déception avec un humour teinté de tristesse. A leur âge, ils n'avaient plus toute la vie devant eux !

Le jour arriva où Armand, souffrant d'une pneumonie, dut être hospitalisé. Il demeura absent près d'un mois sans qu'Éliette puisse lui rendre visite. Elle n'avait personne pour la conduire à la ville, distante d'une quarantaine de kilomètres. Il semble que cette séparation fut révélatrice de ce qu'était devenue son union avec Armand : une histoire brisée, définitivement perdue, et dont ni l'un ni l'autre ne recollerait jamais les morceaux. Elle se mit à passer ses journées dans un fauteuil, sans lire ni parler. Elle perdit l'appétit et il devint de plus en plus difficile de la tirer de la mélancolie dans laquelle elle sombrait.

Je la vis régulièrement à l'époque où elle s'alita. Son caractère s'était altéré. Elle se montrait exigeante, se plaignait de tout et de rien, sans jamais aborder le véritable problème qui la tourmentait. Lorsque je tentais de l'évoquer, elle s'enfermait dans un mutisme profond, tout en chiffonnant ou déchirant ce qui se trouvait à portée de ses mains. Tout y passait, les draps, ces livres qu'elle avait tant aimés, des fleurs que le personnel ou moi-même lui apportions. Le jour où elle projeta le plateau de son petit déjeuner à travers la chambre, la direction appela le médecin qui lui prescrivit des calmants.

– Ne refaites jamais cela, lui enjoignit une soignante dès que le médecin fut parti, sinon, vous finirez à l'asile.

Je suivis la jeune femme dans le corridor et l'apostrophai avec colère :

– Comment osez-vous la menacer après ce que vous lui avez fait ?

Elle posa sa main sur mon bras et me répondit à regret :

– Je ne peux pas lui dire autre chose, car c'est ce qu'ils feront, si elle recommence.

Éliette sombra dans de longs sommeils, comme heureuse de fuir cette réalité qu'elle affrontait avec tant de souffrance. Je continuai à venir la voir. Plus aucune discussion n'étant possible, je demeurais près d'elle, veillant avec les soignants à son bien-être physique et fredonnant à voix basse ces airs que nous avions parfois écoutés ensemble ou dont elle m'avait parlé. Lorsqu'elle était encore libre, m'avait-elle confié un jour, elle se rendait souvent au concert avec Armand. J'avais tenté de lire pour elle, mais j'eus très vite la certitude qu'elle n'écoutait pas. Le chant, en revanche, semblait l'atteindre car je la sentais plus paisible. Peut-être touchait-il en elle des souvenirs auxquels elle demeurait particulièrement attachée ?

Lorsque Armand revint de l'hôpital, sa réaction fut brutale. Lui qui, par correction, n'avait jamais rien exigé, s'installa au chevet d'Éliette avec la ferme intention de la tirer de son apathie. Malheureusement, on ne lui laissa pas voix au chapitre. Lorsqu'il demanda que soient supprimés les médicaments qui assommaient son amie, on lui fit comprendre qu'ils étaient absolument nécessaires.

– Pour qui ? s'insurgea-t-il. Pour vous ou pour elle ?

– Pour tout le monde, lui répondit-on laconiquement.

Il ne retrouva donc pas Éliette et commença à s'aliter à son tour pour sombrer, peu à peu, dans une sorte de démence. Chaque matin, les soignants le découvraient enduit de matière fécale. Comme Éliette, il ne parlait plus et refusait tout contact, à part celui des mains qui le nettoyaient. Éliette et Armand ont fini le peu de jours qui leur restait à vivre en hôpital psychiatrique.

L'histoire de cet homme et de cette femme qui s'aimèrent si tard et que la morale et la bêtise séparèrent ne date pas des années 60, mais des années 80.

ROBERT D.

J'ai pu observer que la plupart des anciens préfèrent mourir seuls ou en présence de personnes qui leur sont étrangères. Tout se passe comme s'ils refusaient d'imposer le chagrin de leur départ à ceux qu'ils aiment.

Marie, l'une de mes stagiaires, me confia un jour que son père, qui vivait en maison de retraite, était sur le point de mourir. Sa formation professionnelle l'avait sensibilisée à l'accompagnement de fin de vie et elle était décidée à mettre en pratique, avec lui, ce qu'elle avait appris. Elle me demanda de l'assister et, durant deux semaines, nous nous rendîmes au chevet de cet homme, veuf depuis plusieurs années, qui se mourait seul.

Robert n'était pas sans famille, m'expliqua-t-elle. Père de six enfants, il recevait chaque jour des visites, soit de ses fils ou de leurs épouses, soit de ses petits-enfants et de Marie. Cependant, la perspective de sa disparition prochaine murait chacun dans une attitude qui rendait tout contact, toute manifestation de tendresse et de chagrin impossible. Les gens de la terre sont habitués à une rudesse qui, souvent, dissimule une grande sensibilité, qu'il convient de ne pas montrer.

Au cours d'une rencontre avec la famille, à l'initiative de Marie, je leur expliquai que, s'ils voulaient se montrer forts pour assister leur père dans ses derniers moments, il leur faudrait céder à leur chagrin, qu'ils prenaient à tort pour de la faiblesse, et le vivre tous ensemble. Je leur conseillais de se réunir pour en parler et pour pleurer cet homme qui comptait tant pour eux et qui les quittait. A l'un des frères, demeuré imperturbable, Marie lança :

– Tu pleurais bien, lorsque tu étais petit et que tu tombais !

– Comme si c'était la même chose, grommela-t-il.

Il paraissait malheureux de se sentir si peu compris.

– Tu restes un petit garçon pour ton papa, reprit Marie. Nous sommes ses enfants, alors conduisons-nous comme des enfants.

Ils y parvinrent sans doute car leur père s'apaisa à leur contact. Ils ne niaient plus l'évidence. Ils vivaient leur souffrance ensemble et, peu à peu, retrouvaient les gestes simples de l'amour. Ils s'embrassaient en arrivant puis en se quittant, avec cet air un peu gauche des hommes habitués à dissimuler leurs sentiments. Mais le lien était rétabli.

Un samedi après-midi, je me trouvais auprès de Robert, en compagnie de Marie. C'était une douce journée d'automne. Des rayons de lumière dorée pénétraient par la fenêtre, au-delà de laquelle on distinguait les frondaisons du bois voisin. Robert était paisible. Il imaginait à voix haute l'avenir de ses fils dans leur ferme, leurs futures récoltes. Il prodiguait quelques conseils, risquant de temps à autre, avec un bon sourire, une critique affectueuse. Lui n'aurait pas cultivé de cette façon, mais bah ! la vie change et le progrès bouscule les traditions. Vers 16 heures, Marie éprouva le besoin de fumer. Elle embrassa son père en murmurant :

– Je n'en ai pas pour longtemps, attends-moi.

Et elle sortit.

– De bons enfants... J'ai vraiment eu de bons enfants, murmura Robert en fermant les yeux.

Je pris sa main dans la mienne en pensant que notre visite l'avait fatigué. Il respirait doucement, toujours calme et serein. Dehors, le soleil disparaissait de l'autre côté du bois. Un beau sourire illumina le visage du vieil homme, puis une larme glissa sur sa joue. Sa poitrine s'affaissa en un souffle léger et je sentis sa main s'alourdir dans la mienne. Je compris qu'il venait de s'éclipser sur la pointe des pieds, évitant à Marie la souffrance de l'ultime adieu.

Il m'a paru utile, pour traiter de l'accompagnement de fin de vie, d'évoquer en détail les conditions de vie des personnes âgées en maison de retraite. Bien sûr, tous les établissements ne se ressemblent pas. Par ailleurs, d'importants progrès ont été réalisés ces dernières années dans le but de veiller au bien-être des résidents et d'améliorer leur séjour. Certains soignants m'ont assuré qu'ils n'avaient jamais rien vu des situations que je décrivais. Lorsque je leur demandai de me parler de l'univers enchanteur dans lequel ils avaient si longtemps œuvré, ils s'attardaient avec une satisfaction évidente sur la bonne marche de l'établissement, sa gestion saine et équilibrée, ses locaux clairs et propres, son personnel ponctuel, dévoué et soumis, les laveries automatiques, la lingerie moderne et les allées du jardin tirées au cordeau. Après cette longue et belle énumération, je les interrogeai sur le sort des personnes âgées dans cet univers conçu pour elles. Je vis alors poindre de la stupeur dans leur regard. La réponse allait de soi, voyons ! Comment ne pas être heureux dans un environnement aussi agréable ?

Il est vrai que le souvenir des hospices est encore si récent que l'on ne peut que s'émerveiller de ces établissements propres, orgueil de nombreuses communes. Ce faisant, on oublie de se pencher sur l'essentiel : l'existence de ceux qui y vivent, résidents et professionnels. Psychologues, psychiatres, analystes, médecins, tous s'accordent à reconnaître que la mort, en maison de retraite, est un déni total. Or, c'est bien pour mourir, même s'il vivra peut-être de nombreuses années encore, qu'y arrive le vieillard. Il n'est donc pas vain de considérer que la mort d'un pensionnaire sera à l'image de la fin de vie qui lui aura été réservée dans l'établissement.

Actuellement, on regarde trop souvent le vieillard comme un être qui va mourir, et qui va donc mettre en échec toute la « bonne vie » que l'on pourrait lui offrir s'il n'avait pas la mauvaise idée de disparaître pour seul remerciement. Tout dévouement, quel qu'il soit, tout accompagnement, exigent une gratification en retour. Mais qu'espérer d'une personne qui, de toute façon, vous abandonnera définitivement un jour ou l'autre ? Ne pas permettre à un vieillard de vivre selon ses désirs, son dynamisme, sa créativité, c'est déjà le confiner dans son cheminement vers la mort. C'est aussi maintenir l'encadrement dans une sorte de deuil latent qu'il n'aura pas à faire le moment venu.

Il est courant, de nos jours, que les équipes de direction se réunissent, assistées de psychologues et de gens de bonne volonté, pour définir le projet de vie des résidents. Assis autour d'une table, ils pensent, imaginent, composent, rêvent et réglementent à leur place. Ne serait-il pas plus logique et plus humain de laisser aux intéressés l'initiative de ces réunions et de leur accorder le choix de définir eux-mêmes leur dernier parcours ? Certes, le moment de la mort n'en serait que plus douloureux, tant il est vrai qu'il est plus éprouvant d'aider à mourir ceux auxquels on s'est consacré davantage. De là à penser que nos maisons de retraite ne font qu'orchestrer de manière inconsciente un lent « glissement » vers la fin, il n'y a qu'un pas.

Qui n'a pas vu ce directeur passer d'une chambre à l'autre d'un pas dynamique, le geste ample et le verbe haut à l'intention des personnes malentendantes, si théâtral qu'il en oublie quotidiennement de baisser le ton lorsque le résident a conservé l'ouïe fine ? Il lance un rituel : « Bonjour, Mme Untel, comment ça va aujourd'hui ? », alerte, un rien compatissant, mais il se tourne déjà vers la porte, tout à son affairement. Les « on a bien dormi, cette nuit ? », les « on va voir ça, on va voir ça », en réponse à une requête formulée d'une toute petite voix, s'égrènent dans l'air calme du matin. Quatre-vingts ou quatre-vingt-dix résidents représentent une bonne heure et demie de tournée. Il est si important de leur faire croire qu'on les aime ! Les directeurs (ou directrices) pensent ainsi assumer leur tâche du mieux qu'ils peuvent. En réalité, ils se déculpabilisent, tout en se taillant une réputation de personne compréhensive, ouverte et sympathique.

C'est dans ce tourbillon d'indifférence que mourront les résidents, car mourir réclame du temps. Il faut savoir s'attarder auprès de l'agonisant, attendre que son vieux corps fatigué ait fini de lutter et que l'esprit, enfin apaisé, accepte de se rendre. Il faut l'assister dans ce passage, changer une dernière fois ses draps, refaire son lit s'il s'est agité, prier avec lui s'il le souhaite, ou lui tenir simplement la main, cette main qui a soigné, travaillé, œuvré pour mille choses et qui ressemble soudain à un oiseau blessé. Accompagner un mourant, c'est accepter de rester désespérément seul, alors que tous les autres sont rentrés chez eux, dans la chaude ambiance d'un foyer. C'est supporter que la lumière baisse, alors que tombe le jour et que s'approche la mort. Qu'il en faut, du courage, pour supporter l'idée qu'un jour, tôt ou tard, il en sera de même pour nous ! Qu'il en faut, de l'amour, pour regarder lutter et s'éteindre ce vieux corps avec ses fragilités, sa déchéance, cette image de non-retour à laquelle il nous renvoie sans merci !

Une maison de retraite, c'est tout cela. Plus nous en aurons fait un lieu de vie, mieux la mort sera acceptée et bien vécue. Dans son ouvrage *Mourir accompagné*[2], admirable plaidoyer pour un accompagnement des vieillards digne et humain, le docteur Renée Sebag-Lanoé cite le témoignage de l'une de ses collaboratrices, infirmière dans un service « long séjour » de l'Assistance publique : « Les personnes âgées ont déjà pensé à ce qu'elles vont devenir. Leur corps, où sera-t-il déposé après leur mort ? Il y a toute la problématique du cercueil.

2. Desclée de Brouwer, 1992.

Sera-t-on mis ou non dans une fosse commune ? Aura-t-on ou non une place avec une plaque, où serait gravé son nom ? Une fois que le corps est mort à l'Assistance publique, on n'a plus grand-chose pour le respecter. Il est nu, dépouillé. Après, il part pour la morgue. On ne peut pas l'habiller ni le regarder vêtu, même mort. Cela détruit en quelque sorte ce qui a été fait précédemment. Il y a souvent une cassure. A l'heure actuelle, le terme encore employé est celui d'"emballer" le mort. C'est assez pénible. Ici, nous refusons de mettre le cadavre dans un drap avec un nœud en haut et un autre en bas ! Nous faisons une toilette très soignée et nous entourons ensuite le corps de draps sans serrer le cadavre ni couvrir son visage. Le service de la morgue ne dit rien. »

Ces quelques lignes prouvent à elles seules la désespérance des vieux mourants en face de cette perte d'identité totale, définitive, que représente la mort. Il est à souhaiter que le XXIe siècle ouvre le champ à plus d'humanité. Car honorer ses vieillards et ses mourants, c'est honorer ceux que nous serons nous-mêmes un jour.

2

L'accompagnement des personnes désorientées

Qu'il m'est doux de dormir le songe de la pierre
Le sommeil est profond qui berce les statues
Quand le siècle est infâme à fermer les paupières
Non-voir et non-sentir deviennent des vertus
Chut ! ne m'éveille pas ! Baisse la voix veux-tu ?

Amour, n'auras-tu pas pitié de mon grand âge
Amour assez longtemps ne m'as-tu point haï
Amour dans le cercueil aime-t-on davantage
Rien ne pourra calmer ce pauvre cœur vieilli
Et ni d'avoir perdu Victoire et mon pays

Aragon, « Plainte pour la mort
de Mme Vittoria Colonna »

LA DIMENSION RELATIONNELLE HARMONIEUSE

Si une telle dimension est rarement prise en compte en maison de retraite, elle est pratiquement inexistante dans les institutions qui accueillent des personnes désorientées. Cause principale : le manque de personnel. Une formation en alternance avec des groupes de parole – réunions au cours desquelles les soignants peuvent s'exprimer sur ce qu'ils vivent – permettrait de mieux cerner le cas complexe, souvent mystérieux mais toujours vivant, de la personne désorientée.

Qui est la « personne désorientée » ? Un homme ou une femme vieillissant avec qui il est devenu impossible de communiquer normalement. En souffrent ceux qui sont atteints de la maladie d'Alzheimer et des troubles dus à la dégénérescence des cellules du cerveau. Nombre de familles, encouragées par la majorité des soignants, ont tendance à croire que, puisqu'ils sont en rupture de communication, ils ne sont plus capables de comprendre quoi que ce soit ni de ressentir le moindre sentiment, la moindre émotion. On les croit insensibles à leur environnement et désintéressés de tout ce qui peut leur arriver.

Que l'entourage familial soit attentif, c'est-à-dire préoccupé d'accompagner son parent avec patience et amour, ou simplement attaché à assurer sa survie en se contentant de le laver et de le nourrir, la relation avec la personne désorientée se nourrit la plupart du temps d'une intense frustration, plus ou moins consciente, souvent inattendue, et rarement maîtrisée tant il est difficile de l'assumer, surtout lorsqu'elle se prolonge dans le temps.

Vivre avec une personne désorientée est une grande épreuve. L'image qu'elle nous renvoie de nous-même n'est pas gratifiante, comme on serait tenté de le croire, mais au contraire déstructurante. Il s'agit d'une relation à sens unique. L'impression d'aliénation est constante et le moi se sent en permanence menacé. Le soignant donne sans compter et ne reçoit presque rien en échange. Quelle attitude adopter en face d'un visage absent, insondable ? Nous nous cherchons toujours dans le regard de l'autre. Celui de la personne désorientée nous renvoie inlassablement le reflet d'un immense vide.

RIEN NE SERA JAMAIS PLUS COMME AVANT

J'ai eu la chance d'aborder l'univers douloureux de la dépendance et de la fin de vie petit à petit, sans brusquerie, auprès de personnes qui m'étaient proches et que j'aimais : ma grand-mère maternelle et, plus tard, ma belle-mère, grand-mère de mes fils. La mort de ma mère m'avait frappée beaucoup trop tôt, mais ce que sa disparition avait semé en moi, comme un dernier message d'amour, devait germer, une fois la maturité venue. Ce sont mes « mères », en fait, qui m'ont montré le chemin. Initiation lente, difficile, mais tellement nécessaire lorsque l'heure est venue de se pencher sur la souffrance d'autrui.

J'étais particulièrement attachée à ma grand-mère maternelle. Ce lien m'a été fort précieux à un moment de mon existence où, assez jeune encore pour mordre dans la vie à pleines dents, ma vie professionnelle et familiale était en plein essor. J'étais heureuse que ma grand-mère eût échappé à une mort promise. Elle vivait, c'était l'essentiel, et l'enfant qui sommeille en chacun de nous espérait bien profiter encore de son lot de tendresse, de sécurité, d'éternité. Pourquoi, en effet, la relation d'amour avec la mère – ou, en l'occurrence, la grand-mère qui l'a remplacée – ne durerait-elle pas toujours ? J'ignorais encore que, même si elle avait repris pied dans la vie, rien ne serait jamais plus comme avant.

Tout le monde se souvient de l'été caniculaire de 1976. Comme tous les Parisiens, nous ne pensions qu'à rechercher la fraîcheur, le week-end venu. Nous décidâmes d'aller passer la journée au bord d'une piscine découverte, à une trentaine de kilomètres de la capitale. Bien sûr, la chaleur était telle qu'il n'était pas question d'y emmener ma grand-mère, qui séjournait chez nous pour quelques jours. Nous l'embrassâmes donc, tout en lui recommandant de bien éteindre la plaque chauffante de la cuisinière et de n'ouvrir à personne. Elle nous souhaita de bien nous amuser et nous dit au revoir par la fenêtre. Manifestement, elle se réjouissait de notre plaisir. Je partais pleine d'insouciance, persuadée que la gardienne de notre foyer allait passer sa journée à coudre ou à tricoter avec, de temps à autre, un regard sur la pendule. Je l'imaginais, paisible, en train de nous concocter, comme elle l'avait fait si souvent, le plat dont nous dînerions au retour.

La porte d'entrée de notre appartement s'ouvrait sur un long corridor aboutissant au salon. En rentrant, le soir venu, je compris immédiatement qu'un drame s'était produit. A l'autre bout, debout devant la baie vitrée, ma grand-mère était en proie à une agitation extrême. Elle fouillait la rue du regard tout en répétant, au désespoir :

– Mais où sont-ils donc ? Où sont-ils ? Ah ! les salauds, ils m'ont abandonnée...

De la cuisine montait une odeur de plaques surchauffées.

Ma grand-mère, comme la plupart des femmes de son époque, ne disait jamais de gros mots. Bien que l'envie ne lui en eût sans doute pas manqué durant sa longue vie, elle avait toujours mis un point d'honneur à tenir son langage. Quel traumatisme surgi du passé venait-elle de revivre pour tomber ainsi dans un tel désarroi ? Nous avions, certes, remarqué quelques absences de temps à autre depuis son séjour à l'hôpital, mais jamais encore d'épisode aussi bouleversant. Tandis que mon mari éteignait les quatre plaques de la cuisinière, qu'elle avait dû allumer sans savoir les éteindre, je me précipitai vers elle. Il lui fallut dix bonnes minutes pour me reconnaître et s'apaiser.

Pour nous, ses petits-enfants, débuta le temps de ce que j'appellerai la renonciation : le confort de notre grand-mère, son bien-être corporel, sa sécurité d'esprit contre notre liberté, notre plaisir, notre désir de vivre. L'un n'empêche pas l'autre, certes, mais faire le choix d'accompagner jusqu'à la fin de sa vie une personne désorientée, c'est accepter de sacrifier une partie de son temps. Il n'y a pas d'autre solution, sinon celle de la placer en institution spécialisée, où la mort interviendra plus rapidement.

Je ne pense pas que nous ayons eu un quelconque mérite à nous occuper de notre grand-mère : ne s'était-elle pas occupée de nous, à la mort de notre mère ? Nous l'aimions et nous étions suffisamment soudés pour l'entourer et la soutenir dans cette fin de vie qui s'annonçait difficile. Elle nous en sut gré car elle ne sombra jamais complètement dans cette incommunicabilité totale qui rend si douloureux ce type de fin de vie. En ce qui me concerne, cela me permit de diluer ma souffrance ; il m'était pénible de la découvrir si fragile, si démunie dans ses errances et si peu semblable à l'image forte et rassurante qu'elle m'avait jusque-là donnée, et dont j'aurais bien aimé profiter quelques années encore.

Combien de fois ai-je dû lui répéter l'endroit où j'avais rangé telle ou telle chose ? Combien de fois ai-je perdu contenance devant ses vains efforts pour me comprendre ? Elle n'en était pas avare et souffrait, autant que moi, de ce lien qui se morcelait entre nous. Cependant, en l'entourant de vie, de rires, de plaisanteries, nous cherchions à dédramatiser l'effet de ses pertes de mémoire, de ses oublis, de ses déplacements sans but précis dans la maison, dont elle-même, dans une complicité émouvante, s'agaçait. Nous l'embrassions souvent, la caressions, parfois la bousculions un peu, lui répétant à quel point nous l'aimions. Elle faisait partie intégrante de notre vie. Si nous recevions des amis, nous l'installions parmi nous, dans son fauteuil.

A aucun moment, nous ne l'avons isolée ou éloignée. Si nous lavions la vaisselle et qu'elle cherchait à nous aider, nous évitions de l'écarter, la laissant s'activer malgré sa lenteur et sa maladresse. Nous lui reconnaissions le droit de vivre avec ses désirs et ses faiblesses, même si cela nous gênait parfois. Nous avons peu à peu compris que, pendant ses absences, elle gardait une sorte de contact muet avec nous. Lorsque je lui annonçai la future naissance de mon dernier fils, elle ne manifesta aucune réaction. Il était midi. Vers 17 heures, elle est arrivée droit sur moi, le visage rose de plaisir :

– Alors, tu vas avoir un petit ?

Ses facultés de perception spatio-temporelle, surtout, étaient altérées. Il nous arrivait d'entreprendre de longs voyages avec elle. Au bout de deux heures, elle s'agitait dans la voiture :

– On s'est assez promenés. Rentrons maintenant.

A d'autres moments, elle se levait au milieu de la nuit pour préparer le petit déjeuner. Ou bien nous la retrouvions, agenouillée dans son lit, en train de prier à haute voix. Dans ces cas, somme toute assez rares, nous l'aidions en lui administrant de légers sédatifs. Jamais nous n'avons eu recours aux calmants qui, trop souvent, occultent la réalité inquiétante de la dépendance et de ses conséquences, maintiennent la personne désorientée dans une somnolence permanente et – aspect non négligeable – apaisent les familles.

Parfois, elle pleurait. Nous savions qu'elle songeait à sa fille, morte trop tôt. Nous n'intervenions pas. Il était important que son chagrin s'exprime pour libérer à la fois son corps et son esprit. Nous nous contentions de demeurer près d'elle. Elle nous savait là, et c'était l'essentiel.

Il lui arrivait également de prendre en grippe des gens de son entourage ; peut-être lui rappelaient-ils d'anciennes connaissances avec qui elle avait eu maille à partir ? Elle les fixait alors d'un regard noir de fureur et leur demandait ce qu'ils lui voulaient. Là encore, nous l'entourions de nos bras, la bercions tout en la grondant de se montrer si peu sociable. Aimer n'est pas tromper et nous la savions capable, à un moment ou à un autre, de comprendre qu'il n'était pas de bon ton d'interpeller les gens de la sorte. A la réflexion, je pense que cette turbulente affection lui a permis de ne pas couper entièrement tout lien avec son entourage. Bien des fois par la suite, je devais remarquer à quel point les contacts physiques sont importants pour les personnes désorientées, à condition qu'ils soient soigneusement « dosés » et adaptés au malade. Ils sont vitaux, me semble-t-il, s'ils reposent sur la tendresse et la confiance, car ils confortent la personne dans sa réalité existentielle, tout au moins physique. Le corps reste l'élément essentiel par lequel s'établit et perdure la relation qui va nourrir et consolider le désir de vivre.

Ma grand-mère a choisi elle-même le moment de sa mort, rapide et solitaire, loin de nous. C'était sans doute plus facile ainsi – pour elle comme pour nous –, elle ne l'ignorait pas. C'était *son* droit, comme ce fut *sa* vie. Nous l'avions accompagnée durant trois ans, elle s'était révélée brave et aimante dans cette semi-dépendance, nous renvoyant de nous-mêmes une image qui nous rendit sa disparition plus supportable et le souvenir que nous gardons d'elle si doux.

Jusque-là, j'avais agi avec tendresse et d'instinct, ce qui n'est guère difficile lorsqu'on aborde la relation d'aide auprès des siens. Et puis, j'avais un compte à régler avec la mort qui, sans me laisser le temps de mûrir, s'était abattue sur ma vie en emportant ma mère, très vite, dans d'atroces souffrances, mais aussi dans le mensonge et le non-dit, ce qui allait m'interdire d'en faire à jamais le deuil.

Dans les années 80 se mirent à circuler les premières idées sur l'« aide aux mourants » ou ce qu'il convient d'appeler, de manière moins choquante – comme on me l'a bien souvent fait remarquer –, l'« accompagnement de fin de vie ». Évidemment, dans notre société où la mort est si régulièrement niée, on préfère l'expression « fin de vie » au mot « mourant ». J'adhérai de tout mon être à ces nouvelles idées. Les travaux d'Elisabeth Kübler-Ross aux États-Unis, puis ceux de Marie de Hennezel en France, me devinrent familiers. Ce fut un apprentissage lent, exigeant une maturation incessante où la souffrance, la peur, la maîtrise des sentiments, les réactions de l'inconscient, jouèrent un rôle important. On peut avoir accompagné des personnes en fin de vie de la plus belle façon qui soit, cela ne signifie pas que tout est acquis et que la prochaine relation d'aide s'établira avec autant de sérénité. Rien ne nous préserve jamais des difficultés, des faiblesses, des transferts qui ne manquent pas de se manifester en chemin.

J'étudiais, j'enseignais et me formais sur le terrain : maisons de retraite, de cure, de convalescence, hôpitaux et services de long séjour dans les centres hospitaliers spécialisés, domiciles de familles s'occupant de leurs vieillards... Le public que nous formions se composait en majorité de femmes destinées à devenir aides-soignantes ou, à l'heure où se développaient les emplois de proximité, aides à domicile. Ces dernières sont appelées à travailler dans les familles mêmes, auprès de personnes âgées ou handicapées, ou en maisons de retraite.

J'exerçais depuis dix ans dans ce domaine, lorsque j'appris que ma belle-mère, qui vivait en Corse, souffrait de troubles liés à la dégénérescence des cellules nerveuses et devenait, de ce fait, complètement dépendante.

Marie R.

Les mêmes histoires commencent toujours de la même façon. La mère ou le père que l'on a connu si fort, si plein de vie et s'assumant parfaitement, s'égare dans la ville, cherche partout ses clés, ses lunettes, son mouchoir, et se met à répéter inlassablement les mêmes choses sans vous reconnaître. Au début, l'entourage refuse de perdre l'être aimé. On évoque la fatigue et l'âge, on conseille le repos et les promenades ou les courses accompagnées. Las ! les incidents se multiplient, la mémoire se dilue, la parole se perd. Ainsi, sans que nous ayons voulu y attacher trop d'importance tant cela nous blessait, Marie, ma belle-mère, sombra peu à peu dans une totale dépendance.

Marie avait toujours vécu en Corse, où elle avait mené une carrière d'institutrice puis de directrice d'école. Lorsque, après mon mariage, je fis sa connaissance, je découvris une femme libre d'esprit, respectueuse d'autrui et profondément attachée à la qualité de ses relations avec son entourage. Elle était élégante et coquette, tendre avec les siens, dévouée aux autres. Comme elle avait conservé, à quatre-vingt-cinq ans, toutes ses facultés intellectuelles, ainsi qu'une excellente santé, il nous fut très difficile d'admettre qu'elle commençait à « perdre la tête ». Elle qui s'était montrée si sage tout au long de sa vie apprenait la démesure. Elle passait des commandes mirobolantes aux Trois Suisses et à la Redoute. Les représentants d'Ajaccio, sachant qu'ils trouveraient chez elle de quoi compenser largement une mauvaise journée, conservaient jalousement son adresse. Certains n'hésitèrent pas à falsifier sa date de naissance pour lui faire souscrire un crédit.

Ses idées s'embrouillaient de plus en plus. Elle se mit à tenir des propos incohérents dans lesquels il était surtout question de son enfance. Elle était cependant consciente de son état et disait de temps à autre, comme pour s'excuser :

– Vous voyez bien que je perds la tête...

Elle avait jusqu'alors vécu seule à Ajaccio. Son fils aîné et sa femme l'emmenèrent chez eux, à Bastia. De jour en jour, ils mesurèrent à quel point Marie perdait son autonomie. Il ne fut bientôt plus possible de la laisser seule quelques secondes. Dans ces moments de désarroi, la famille n'a qu'un recours : la médecine. On consulte d'abord le médecin de famille et, comme il se montre impuissant devant les effets du vieillissement, on en voit un autre, puis une infinité d'autres, sans jamais obtenir les résultats espérés. Marie finit par aboutir chez un neurologue réputé pour ses travaux en gérontologie. L'éminent spécialiste, après avoir affirmé qu'il ne s'agissait pas de la maladie d'Alzheimer, mais simplement d'une dégénérescence des cellules du cerveau, ajouta :

– Non seulement, il n'y a plus rien à faire, mais son état va empirer. Malgré votre bonne volonté, vous ne pourrez pas la garder chez vous. Vous vous useriez. Vous serez de toute façon obligés de la placer dans un établissement spécialisé. Autant le faire tout de suite.

– Il n'en est pas question, répondirent en chœur mon beau-frère et ma belle-sœur. Elle finira ses jours à la maison.

Et, comme ils espéraient encore sauver leur mère – l'espoir n'est-il pas le meilleur gage de toute survie ? –, ils réclamèrent un traitement à l'homme de science. Celui-ci, prenant en compte à la fois leur angoisse et l'état de sa patiente, prescrivit une longue liste de neuroleptiques, un véritable traitement de cheval pour une femme de cet âge, qui ne pesait plus que quarante kilos.

C'est à ce moment que, comme chaque année au mois d'août, j'arrivai en Corse avec mon mari. Marie dormait, assommée par ses médicaments, recroquevillée sur un divan. Tout indiquait qu'elle se trouvait sur le point de nous quitter. Chacun, d'ailleurs, se conduisait comme si elle allait mourir. Les bagues et les colliers dont elle se parait avec tant de coquetterie lui avaient été enlevés car elle les portait à sa bouche, au risque de s'étrangler. Les médicaments étaient rangés hors de portée de sa main. On ne la laissait plus s'approcher d'une fenêtre de crainte qu'elle ne se jette en bas. Elle ne pouvait même plus marcher seule, de peur qu'elle ne tombe. Il fallait la forcer à manger. D'autre part, elle devenait méchante : elle que l'on avait connue si douce avait un jour agressé à coups de louche la femme qui s'occupait d'elle. Enfin, elle mettait ses mains dans son assiette et se barbouillait de nourriture.

Toutes ces défiances, qui exprimaient inconsciemment notre peur de la mort, devaient se révéler fausses ou explicables par la suite. Pour l'heure, elles traduisaient le désarroi de proches devant une situation entièrement nouvelle, ainsi que l'angoisse et la souffrance que l'on ressent lorsque la communication avec un être aimé est devenue impossible.

Mon époux et moi ramenâmes Marie à Ajaccio, dans la maison où elle avait passé sa vie et où ses fils étaient nés. Il fallut la porter pour descendre les trois étages de l'immeuble de Bastia. Le voyage se passa relativement bien. Dans la voiture, je la tenais contre moi, la rafraîchissant de temps à autre à l'aide d'un gant mouillé pour éviter la déshydratation. Je prenais bien soin de l'avertir de chacun de mes gestes pour ne pas la prendre au dépourvu et provoquer des réflexes de défense, souvent très vifs. Nous avions pour elle toutes les attentions, tant nous étions persuadés que nous allions la perdre.

En retrouvant sa maison, elle qui paraissait si perdue, si lointaine, soutenue par son fils, monta sans grande difficulté l'escalier jusqu'au perron. Puis elle s'avança de pièce en pièce, retrouvant les poignées de porte sans avoir à les chercher, caressant longuement les meubles et les murs. Quelle surprise chez cette femme qui ne communiquait plus depuis de longues semaines !

Les premiers jours furent néanmoins difficiles. Elle était agitée et dormait mal, tombant plusieurs fois de son lit. Elle se blessa contre un meuble. Pendant la journée, elle se déplaçait beaucoup, d'un pas à la fois rapide et malhabile. Nous ne pouvions la quitter. Nous cherchions désespérément de quelle manière l'apaiser, l'emmenions dans des endroits qu'elle avait aimés avec l'espoir de lui faire plaisir, de la voir prendre un peu d'exercice et de trouver – elle comme nous – un sommeil réparateur. Hélas ! rien n'y faisait ; elle nous renvoyait l'image d'une personnalité complètement désarticulée.

On n'en sait jamais assez, même lorsqu'on croit avoir tout appris. Cela est d'autant plus vrai avec une personne à laquelle on est lié affectivement. L'amour nous soutient, mais, parfois, il nous rend aveugle. Il me fallut une bonne huitaine de jours pour découvrir que les cours que je donnais depuis des années pouvaient s'appliquer à Marie. Je commençai à m'étonner du nombre de médicaments qu'elle prenait quotidiennement. Nous nous en remettions entièrement à eux, comptant religieusement chaque pilule comme autant de gages de sa survie et de notre apaisement. J'avais pourtant appris, dit et maintes fois répété en formation que, sauf cas de maladie clairement identifiée – diabète, cholestérol, hypertension –, la plupart des médicaments que l'on prescrit aux vieillards sont inutiles. Il s'agit, là encore, d'une parade du médecin impuissant à soigner les effets du vieillissement, et d'un accord tacite de la famille, qui apaise ainsi son angoisse et entretient l'illusion d'un mieux-être possible.

Me rappelant mes cours et établissant un lien entre certaines attitudes déroutantes de Marie, je téléphonai à l'un de ses cousins, médecin à Ajaccio, qui la connaissait depuis toujours. Dès que je lui lus l'ordonnance, il s'exclama :

– Mais pourquoi tout cela, grand Dieu ? Vous allez la tuer !

Sur ses conseils, nous les supprimâmes progressivement. Bientôt, Marie ne mit plus ses doigts dans son assiette pour se barbouiller de nourriture. Elle passa des nuits plus sereines et retrouva un appétit régulier.

Ces premières constatations me conduisirent à d'autres prises de conscience : si elle se dirigeait vers une fenêtre, ce n'était pas pour s'y jeter, mais pour regarder le paysage. Nous la laissâmes donc aller et venir plus librement dans la maison, nous contentant de la surveiller de loin, sans porter atteinte à cette liberté qu'elle était en train de reconquérir. Si elle montait facilement l'escalier, elle redoutait en revanche de le descendre, effrayée par le vide. Elle se cramponnait avec une force étonnante. Chez des personnes de cet âge, en rupture avec leur environnement, la peur ne se contrôle plus. Il fallait donc l'amener à lâcher prise et à nous faire confiance. Travail long, très long parfois, mais auquel nous n'avons jamais renoncé. Nous procédions avec douceur et fermeté. Nous l'encadrions à deux, l'entourant de nos bras et la stimulant par la parole. En haut de l'escalier, l'un de nous se plaçait devant elle afin de briser l'impression de vide tandis que l'autre, la serrant fortement contre lui, l'assurait qu'elle était maintenue et ne tomberait pas. Il nous fallait encore lui répéter d'avancer le pied tout en le tapotant de la main, jusqu'à ce qu'il cède. Elle descendait ainsi, marche après marche, et c'était une nouvelle victoire, que nous ne manquions pas de lui annoncer. Elle ne manifestait rien, mais nous étions sûrs qu'elle portait, quelque part en elle, ce nouveau succès, que nous devinions à ces petits gestes dont elle nous gratifiait de temps à autre – son index sur notre nez, une caresse dans nos cheveux et ces baisers qu'elle nous donnait, tendant ses lèvres vers nos joues.

Nous comprîmes également qu'elle n'était pas devenue méchante. Les coups de louche qu'elle avait si généreusement distribués étaient une réponse à une attitude agressive. Cette volonté de se défendre prouvait qu'au fond d'elle-même, l'intégrité de Marie était demeurée intacte. Nous travaillâmes beaucoup sur cette perception – même infime – qu'elle conservait d'elle-même. Nous ne pouvions plus lui teindre les cheveux, nous continuâmes à lui mettre son rouge à lèvres, son fard à joues et à lui passer ses plus jolies robes. Nous lui disions qu'elle était belle. C'était aussi important pour elle que pour nous de lui conserver cette image d'elle qu'elle avait donnée lorsqu'elle était encore consciente.

Il est en effet un autre aspect, plus délicat, plus douloureux aussi, lorsqu'on accompagne une personne en fin de vie ou désorientée : c'est le contact avec le corps. Vouloir soigner à domicile un père, une mère, une belle-mère ou une grand-mère, c'est prendre en charge tous ses besoins physiques. C'est dévoiler un corps interdit par la tradition – « nul de vous ne s'approchera de sa parente pour découvrir sa nudité » (Lévitique, 18 : 6) – et contrevenir au désir qu'auraient sans aucun doute manifesté ces hommes et ces femmes de ne point se montrer à nous dans leurs fonctions intimes.

Une infirmière venait chaque matin et chaque soir pour la toilette et les soins de Marie. Il fallut l'aider à la mettre dans son bain. Une professionnelle n'a pas la même relation avec ce corps mis à nu. Marie fit très bien la distinction. Si elle se laissait déshabiller par l'infirmière, elle refusait farouchement que je l'assiste lorsque je la conduisais aux toilettes. Dans ces circonstances, elle qui jamais ne manifestait qu'elle m'avait reconnue savait très bien qui j'étais et refusait ce qu'elle considérait comme une atteinte à sa pudeur. Là encore, il me fallut la convaincre longuement, de la parole et du geste, la rassurer en frottant ma joue contre la sienne, lui répétant, comme à un enfant, qu'il était important qu'elle me fasse confiance. Elle ne céda jamais complètement – attitude qui rend la tâche plus difficile aux proches de telles personnes car ces négociations permanentes exigent du temps et beaucoup de patience. En revanche, ces tractations préservaient ce que Marie avait conservé de vital : une certaine forme d'intégrité et le respect que nous en avions.

Aujourd'hui, depuis qu'elle a cessé de prendre tout médicament – mis à part quelques gouttes pour une meilleure irrigation de son cerveau –, Marie s'est apaisée. Les journées se passent calmement, articulées autour d'horaires précis qui rythment sa vie et... celle de sa famille. Le temps, avec elle, prend une ampleur infinie. Chaque repas dure à peu près une heure, pendant laquelle il faut l'exhorter à se nourrir, attendre qu'elle veuille bien ouvrir la bouche, mâcher et avaler, puis la féliciter avec chaleur de tout ce travail accompli. Nous avons consciencieusement relevé tout ce qu'elle aimait, dans l'espoir de la voir manger plus vite. Rien n'y fait ! Il lui arrive même de mâcher l'eau qu'elle boit, le front dans sa main, comme si elle portait tout le poids de notre obstination. Il ne nous reste qu'à patienter. Ses repas doivent pourtant être complets car il est important qu'elle ne maigrisse pas. Ils durent donc ce qu'ils durent. Notre récompense, ce sont les siestes et les nuits qui se déroulent désormais dans le plus grand calme.

Il arrive que Marie ne s'endorme pas lorsque nous la couchons, mais elle se repose paisiblement dans son lit, se racontant d'une voix douce des histoires du début du siècle. Il y a aussi l'heure des promenades, dans la maison, pour entretenir les muscles de ses jambes, et puis il y a les jeux : assise dans son fauteuil préféré, qu'elle revendique clairement, Marie, qui était une excellente couturière, plie et replie une serviette comme pour préparer un ourlet. Ses gestes demeurent d'une précision étonnante, tout comme ses attitudes, qui ont conservé toute leur élégance.

Par moment, Marie nous surprend. Nous constatons que, malgré ses airs lointains, elle demeure perméable à ce qui se passe autour d'elle. Du vivant de son mari, elle occupait le bout de la table, en face de lui. A sa mort, ses fils ont, tour à tour, pris la place de leur père. Lorsque l'état de Marie a exigé une présence constante, on l'a déplacée et installée près d'un de ses fils. Apparemment absente, elle jouait avec une serviette ou des couverts pendant que nous prenions notre repas. Un jour, elle s'est levée et, passant derrière mon fils qui occupait le bout de la table, elle a posé sa main sur son épaule et s'est exclamée d'une voix claire :

– Ça, c'est ma place !

Une autre fois, alors que nous traversions, en voiture, un lieu-dit où elle avait vécu durant son enfance, elle le cita distinctement.

A la fin des premières vacances que nous passâmes à nous occuper d'elle, aux premiers temps de sa maladie, nous redoutions le moment de la quitter. Comment allait-elle réagir ? Nous décidâmes de ne rien lui dire afin de ne pas provoquer de réaction violente. C'est dire à quel point la personne désorientée désempare son entourage ! Nous l'avons embrassée et nous nous sommes éclipsés. Rien, dans son attitude, ne laissait deviner qu'elle avait compris, mais, dès qu'elle entendit la voiture démarrer, elle dit simplement :

– Voilà, ils sont partis.

Marie est également capable de belles colères et, sans que nous sachions l'expliquer, elle retrouve, à ces moments-là, ses mots pour dire ce qui lui déplaît.

– Mais que faites-vous ? s'écrie-t-elle lorsqu'un geste ou une attitude la choque.

Il suffit aussi que nous élevions la voix entre nous, comme cela arrive parfois en famille, pour qu'elle se mette à tambouriner violemment du bout des doigts sur la table, jusqu'à ce que cesse le mouvement d'humeur. Un soir, alors qu'elle dormait, je me glissai dans sa chambre pour prendre une serviette de table dans l'armoire à linge de la maison. Au moment où je ressortais, sa voix s'éleva :

– Qui est là ?

Désolée de l'avoir réveillée, je ne répondis pas et refermai la porte sans me douter de la violente réaction que j'allais déclencher. Nous retrouvâmes Marie sur le plancher, son lit complètement dévasté. Il nous fallut la recoucher et lui expliquer – avec un peu de retard – que j'étais venue chercher une serviette. Elle se calma et se rendormit. Plus jamais, par la suite, nous ne l'avons jugée incapable d'entendre ou de comprendre ce qu'elle exigeait de savoir. Mais le message le plus fort, nous ne le reçûmes que quelques années après cet incident. Nous nous tenions autour d'elle lorsque l'une de mes sœurs qui nous avait rejoints pour les vacances dit en la regardant :

– Je suis sûre qu'elle comprend tout.

Marie tapota alors son front de son index, comme pour nous répondre : « C'est juste, mais ma tête ne va plus. » Quel moment de bonheur que cet échange ! Il était cependant inutile d'en espérer beaucoup d'autres. La maladie est si pernicieuse que l'on ne sait jamais à quel moment la communication va s'effectuer.

Depuis plusieurs années maintenant, Marie passe le mois d'août en compagnie de mon époux et de moi-même. Je dois dire, au risque de ne pas être crue, qu'elle se porte mieux d'année en année. Le reste du temps, elle vit à Ajaccio chez son fils aîné dont la femme, Danièle, s'occupe d'elle. Comme on ne peut vivre en permanence avec une personne désorientée, une employée vient chaque après-midi. Les ressources de Marie le permettent et cette aide est d'un grand secours. La situation, il est vrai, exige la présence constante de Danièle, du matin, à l'heure où sonne l'infirmière, jusqu'au soir, au moment où Marie se couche. Elle n'est pas à l'abri, non plus, d'une chute de tension à n'importe quelle heure de la journée ou de la nuit. Ma belle-sœur a appris les gestes nécessaires ; elle est surtout experte dans l'art de dédramatiser, ce qui est d'une grande importance.

Depuis toutes ces années, Danièle a bâti autour de Marie toute une série de rites – que j'appelle « rites d'amour » – qui la maintiennent en vie. Le matin, vers 9 heures, c'est le lever. Danièle ne se contente pas de s'asseoir sur le bord du lit de

Marie en l'appelant doucement. Non ! Elle grimpe sur sa couche et, les deux genoux bien enfoncés dans le matelas, frotte longuement sa joue contre celle de Marie encore endormie. Cela peut durer une bonne dizaine de minutes. Alors le miracle se produit : Marie se met à chanter. On ne reconnaît pas l'air, on ne sait pas au juste ce qu'elle chante, mais elle chante ! Ensuite, c'est l'accompagnement permanent pendant toute la journée, ponctué d'embrassades :

– Je l'embrasse chaque fois que je passe près d'elle, me dit Danièle.

Gestes tendres, sécurisants, qui canalisent l'angoisse de Marie et, je le crois, tranquillisent Danièle, dont la tâche est ardue. Mais c'est un rôle qu'elle a choisi :

– Chez nous, on ne met pas les vieux à l'asile, aime-t-elle à répéter.

Elle associe Marie à tout ce qu'elle fait – épluchage des légumes, dépouillement du courrier que Marie met à profit pour « trier et ranger » des enveloppes ou des catalogues. Un lien extraordinaire s'est créé entre les deux femmes.

– Je la porte en moi comme un enfant, dit Danièle. Lorsque je sors, elle me manque.

Cela n'empêche pas Marie de faire, de temps à autre, de petites réflexions que pour rien au monde elle ne se permettrait si elle était pleinement consciente. Un jour que Vulcain, le chien basset de la maison, traversait le salon d'un pas lent et majestueux, Marie, que l'on croyait à mille lieues de là, déclara, dédaigneuse :

– Peuh ! Quel ridicule petit chien !

Danièle, qui est fille unique, est très aimée de ses parents. Ils l'entourent et continuent à la gâter comme une petite fille. Elle ne s'attendait guère à ce qu'une fois, Marie la fixe d'un air railleur et lui lance :

– Fille à papa ! Fille à papa !

Danièle aurait pu en prendre ombrage, penser que son dévouement était bien mal récompensé. Eh bien non ! Elle éclata de rire et l'histoire fit le tour de la famille. Elle a d'autant plus de piquant que Marie ne s'est jamais permis la moindre remarque sur autrui.

Le fils et la fille de Danièle, deux adolescents, partagent cette aventure ; chaque jour, ils apprennent par l'exemple que l'on peut accompagner un ancien chez soi, jusqu'à son dernier souffle. Ils savent changer la couche du matin, sans gêne ni honte, tout en ménageant la pudeur de leur grand-mère.

– Cela fait partie de la vie, comme tout le reste, dit leur mère. Elle ressent absolument tout ce qui se passe autour d'elle et réagit très mal lorsque nous tentons de lui cacher quelque chose. Il est vital, pour elle, de la traiter normalement.

Rares sont les anciennes connaissances de Marie à venir lui rendre visite. Se retrouver en face d'une personne qui ne vous reconnaît pas, ne vous parle pas, est une expérience pénible. D'autres nous apostrophent :

– Pourquoi vous donner tant de mal ? Placez-la à l'asile.

Nous savons que Marie y mourrait très vite. Cependant, nous refusons de porter un jugement sur ces conseils dont nous pensons qu'ils cachent désarroi et souffrance. Un désarroi évident devant une situation que tous redoutent de mal gérer. Et une souffrance que chacun ressent en voyant les siens s'éloigner avant l'heure. Il me semble, en effet, qu'il n'est pas excessif de considérer toute communication rompue comme un aperçu de la mort. Le corps est là, certes, mais, sans la verbalisation des sentiments, la vie conserve-t-elle un sens ? Quant au don permanent de soi-même, en échange de retours si infimes, ne génère-t-il pas une frustration intense, voire une angoisse profonde ?

Reste l'amour que nous avons à la fois des nôtres et de la vie. Car cette fin de vie que nous portons un peu plus loin chaque jour est un maillon de notre propre histoire.

Nous ne saurons jamais ce qui a poussé Marie à s'éloigner ainsi des siens, quelle douleur l'a repoussée dans des retranchements où elle s'est perdue et dont elle nous interdit l'accès. Ce désespoir se laisse percevoir de temps à autre dans son regard, insondable, pathétique. Ce dont nous sommes sûrs, en revanche, c'est qu'accompagnée comme elle l'est, elle s'endormira dans l'amour et dans la paix.

Mon expérience me conduit à penser que l'accompagnement de fin de vie des personnes désorientées est le plus dur qui soit. S'il n'est pas assumé par plusieurs membres de l'entourage qui en ont mesuré toute la difficulté et œuvrent à tour de rôle avec l'aide de professionnels ou d'employés à domicile, il conduit infailliblement à un abandon partiel, sinon total, de la famille. S'occuper d'un père ou d'une mère désorientée implique de tels renoncements que, parfois, le désespoir supplante l'amour filial. Bien souvent, une rancœur profonde et destructrice s'installe. Lorsqu'elle s'exerce contre la personne âgée, elle peut se traduire par de mauvais traitements, ou par l'abandon pur et simple en institution. Mais le ressentiment peut également se retourner contre soi-même et conduire à la dépression, en raison de la culpabilité intense que l'on éprouve à ne pouvoir faire face à une telle situation. Le seul moyen de remédier à cet échec social serait d'apporter une aide financière aux familles qui souhaitent entourer l'un des leurs jusqu'à la fin. Elle leur permettrait d'appointer une personne formée à l'accompagnement, de se libérer quelques heures par jour et de ne pas aliéner ainsi leur propre existence. Car une telle aliénation, véritable renoncement à tout désir, tout projet, toute liberté, devient vite insupportable.

Se dévouer pour des parents que l'on aime et qui ont perdu tout contact avec la réalité est une belle chose. Offrir les moyens de survivre sans trop de dommages aux familles qui ont décidé de ne pas les abandonner devrait, aujourd'hui, devenir la priorité de ceux qui se penchent sur les problèmes du vieillissement et de la dépendance.

Simone S.

Simone est une femme de cinquante-huit ans, active, volontaire et en bonne santé. Son mari étant arrivé à l'âge de la retraite, elle a obtenu la sienne de manière anticipée, avec le désir de réaliser enfin de vieux rêves : voyager et s'engager davantage dans certaines associations humanitaires. Bref, vivre un bout de sa vie selon son plaisir. Elle ne s'attendait pas à ce que sa mère, Emma, âgée de quatre-vingt-deux ans, sombre peu à peu dans une dépendance totale. Mais Simone est une battante ; elle a immédiatement accueilli la vieille femme chez elle et organisé sa vie autour d'elle. Son mari l'a aidée durant les huit premiers mois de cette existence commune, mais il est brusquement décédé d'une crise cardiaque.

Jusque-là, Simone assumait bien son nouveau rôle. Elle me parlait souvent de son amour pour sa mère et de son refus catégorique de la placer en institution. Avant la mort de son mari, elle conservait l'espoir de connaître avec lui l'avenir qu'ils avaient envisagé. Mais sa disparition déclencha en elle une première prise de conscience : malgré l'aide d'une tierce personne, chaque matin, elle se mit à se plaindre de ce nouveau rôle qu'elle découvrait lourd et ingrat et pour lequel elle se sacrifiait.

Un jour, je la vis lever sa mère de son fauteuil pour la conduire aux toilettes. Elle dut s'y prendre à plusieurs reprises, la vieille femme n'étant plus guère capable de se soutenir. Une fois debout, Emma partit dans le sens inverse, malgré la voix persuasive de Simone :

– Non, maman, pas ici ! Par là, tourne-toi ! C'est aux toilettes que nous allons !

Emma se retourna, mais s'en fut vers la cuisine.

– Non, maman, pas dans la cuisine ! Allons, viens par là, laisse-toi conduire !

Emma hésita longuement avant de repartir d'un pas mal assuré. Sa tête dodelinait, elle ne savait manifestement où aller. Il fallait descendre quatre marches pour accéder à la salle de bains. Simone reprit, s'efforçant à la patience :

– Attention à l'escalier, maman. N'aie pas peur, je te tiens. Avance ton pied. Avance, là, là... Oui. L'autre, maintenant. Voilà, c'est bien ! Encore un, maintenant. Allons, avance, s'il te plaît.

Nous avions saisi Emma sous les épaules, chacune d'un côté, et nous l'exhortions à descendre la troisième marche :

– N'aie pas peur maman, nous te tenons. Voilà, c'est bien, la dernière, maintenant.

Il fallut encore la tourner, ouvrir la porte et l'engager une nouvelle fois à avancer. Elle pénétrait dans un espace différent et s'en effrayait. Nouveaux encouragements, de la voix et de la main. Nouveaux pas hésitants, félicitations renouvelées. Elle alla s'asseoir sur le bidet, nous dûmes la ramener vers la cuvette. Le chemin du retour nous demanda autant d'efforts. Il avait fallu plus d'un quart d'heure pour un déplacement qui, en d'autres circonstances, eût demandé trois minutes. Simone avait des sanglots dans la voix :

– C'est cela qui me tue, me dit-elle. Tout ce temps perdu, à longueur de journée, et parfois la nuit, lorsqu'il lui prend de divaguer à haute voix au lieu de dormir...

Comme pour rattraper ce « temps perdu », Simone se mit à agir avec brusquerie. A l'heure des repas, elle nouait une vieille nappe autour du cou d'Emma, enveloppant ainsi tout le haut de son corps, et l'obligeait à avaler cuiller sur cuiller. Son dévouement n'était pas entamé, mais ses gestes étaient moins prévenants. Elle ne reconnaissait plus à la personne déficiente le droit à la lenteur, à la fantaisie, à l'égarement.

Un jour, je proposai à Simone de la remplacer, le temps d'un repas. Je posai une serviette sur le coin de la table, ne m'en servant que pour essuyer la bouche de la vieille femme de temps à autre. Je lui laissai les mains libres, prenant simplement soin d'éloigner de son assiette ce qui pouvait la distraire. Depuis, Simone n'enveloppe plus sa mère comme une momie et préserve ainsi sa dignité.

Une autre fois, au moment du coucher, Emma hésitait sur le seuil de sa chambre. Le lit se trouvant à l'autre bout, il lui fallait traverser la pièce sur toute sa longueur, chemin qu'elle connaît bien et qu'elle accomplit, à son rythme, chaque soir. Dans un grand rire, Simone la souleva et la porta jusqu'au milieu de son lit, où elle la déposa comme une fleur, ce qui ne lui demanda guère d'effort, Emma étant légère comme une plume. Elle la borda et se dépêcha de me pousser vers la porte en me disant à voix basse, d'un ton accusateur :

– Tu vas encore me dire que je n'aurais pas dû, que je la prive du peu d'indépendance qu'il lui reste, qu'il s'agit de son temps et non du mien... Eh bien ! tu te trompes, c'est mon temps autant que le sien et ma vie autant que la sienne. Voilà !

Ce mouvement d'humeur passé, Simone dut admettre qu'il fallait bien laisser à sa mère ces trois petites minutes – les trois dernières de la journée et... les plus longues, les plus difficiles à supporter – pour gagner son lit. En m'apostrophant de la sorte, Simone avait cherché à se libérer, à provoquer un de ces échanges dont elle manquait si cruellement. Il est vrai que se réfugier dans le silence eût été plus pernicieux. Il lui arrivait de sangloter comme une enfant. Elle n'hésitait pas à crier sa peine, son ressentiment, voire, par moment, sa haine, à cause de cette impression intolérable qu'elle avait de perdre sa vie. Je l'assurais que ses réactions étaient normales, qu'elle n'avait pas à se sentir coupable de ce qu'elle ressentait et exprimait avec tant de lucidité.

Une autre fois, je la vis rentrer, ivre de colère. Un jeune homme venait de mourir dans la région, à la consternation générale. Certains ne s'étaient pas gênés pour dire à Simone :

– Quelle mort injuste ! Pourquoi Dieu n'a-t-il pas plutôt pris un vieux ? Ta mère par exemple... A quoi sert-il qu'elle vive, alors que ce jeune avait encore de belles années devant lui, et toute sa tête ?

Simone se calma et, après un long moment de réflexion :

– Ils ne réalisent pas ce qu'ils disent ! Ils traduisent simplement cet affolement que nous éprouvons tous – moi la première – en face de gens égarés, comme l'est ma mère. J'ai parfois l'impression de vivre avec une morte. C'est ma vie à moi qui lui permet de vivre la sienne. C'est beaucoup, deux vies branchées sur une seule pile, non ?

Je l'ai embrassée. Elle savait si bien reconnaître et dire les choses. Le plus dur à supporter, pour elle, ce sont ces huit jours de vacances qu'elle s'accorde de temps à autre. Sa fille, qui élève seule son propre enfant, vient alors la remplacer. Simone refuse obstinément de lui imposer la charge d'Emma :

– Ce serait trop lourd pour elle, et puis je ne veux pas qu'elle vive ce que je vis. De toute façon, ce ne sont pas de vraies vacances pour moi. Au lieu de me détendre, je passe mon temps à penser et à redouter mon retour, alors...

Jamais je ne lui ai conseillé de placer sa mère en institution, le temps pour elle de s'accorder des moments de liberté. Elle aurait l'impression que je lui propose un crime ! Tout ce que je peux faire, c'est l'écouter. C'est ma façon d'accompagner Emma qui, d'ailleurs, n'a besoin de personne d'autre que sa fille.

Malgré sa souffrance et sa révolte, Simone s'en tire bien. Elle sortira vraisemblablement affectée par cette expérience inattendue qui la confine dans un rôle qu'elle n'a pas choisi. C'est pour des causes plus « nobles » que Simone voulait s'engager, des causes qui lui auraient renvoyé une image gratifiante tout en lui permettant d'œuvrer dans une entière liberté. Simone porte le poids de plusieurs deuils. Le deuil de son mari, tout d'abord, auquel elle pense peu tant la charge d'Emma la préoccupe ; elle devra pourtant s'y confronter tôt ou tard, d'autant plus douloureusement qu'elle en aura différé le moment. Le deuil de l'image de sa mère, ensuite ; auprès d'elle, Simone ne trouvera plus jamais ce réconfort que tout être humain, fût-il adulte, est en droit d'attendre d'un parent. Le deuil de ses espérances, enfin, de ce présent et de cet avenir qu'elle avait rêvés autres et qui lui échappent.

Marcel H.

Marcel est un paysan. Il a soixante-quinze ans et vit dans la ferme où il est né. Son fils, sa bru et ses trois petits-enfants y cultivent la terre et élèvent des vaches. Il y a trois ans, à la suite d'un accident cérébral, Marcel a « perdu la tête ». Personne ne m'a jamais demandé de m'occuper de lui, ni n'a jamais sollicité le moindre conseil à son sujet. Je me suis contentée d'observer la façon dont cette famille terrienne prend en charge son ancien désorienté.

Apparemment, on ne se pose guère de question sur la meilleure façon d'accompagner ce vieil homme en fin de vie. Manque de temps, manque d'intérêt aussi. Pourtant, Marcel ne me paraît pas malheureux. Ici, tout se passe en famille. Évoquer les services d'une infirmière pour la toilette ou encore l'éventualité d'un placement en institution suffit à faire pousser de hauts cris. C'est Liliane, la bru, qui procède, chaque matin, à une toilette sommaire. Puis, sans ménagement mais sans impatience, elle l'assied dans son fauteuil roulant et le pousse de sa chambre à la cuisine, où elle lui donne son petit déjeuner. Si cela dure un peu – elle a tant de travail dehors –, elle lui pince le nez pour qu'il ouvre la bouche. Ce n'est pas méchant, et c'est bien pratique ! Puis, selon la saison, elle l'installe soit près du fourneau, soit au soleil, sous l'auvent, devant la maison. Afin que Marcel ne tombe pas, elle lui passe sous les aisselles une ceinture qu'elle boucle au dos du fauteuil. Il occupe ainsi ses matinées et ses après-midi, sommeillant ou débitant des bribes de phrases que personne n'écoute jamais.

A midi et le soir, il est placé à l'extrémité de la table, où il mange avec les autres. Personne n'est spécialement chargé de le nourrir. Sa bru ou ses petits-enfants, à tour de rôle, lui tendent sa cuiller ou sa fourchette. On lui laisse tout le temps de mâcher et d'avaler, et nul ne s'impatiente s'il mange lentement. Parfois, on l'oublie, jusqu'à ce que quelqu'un lance :

– Marcel a la bouche vide.

Il arrive aussi que l'on néglige de le mener à la selle. Sa bru se charge alors de pratiquer un lavement. On ne s'interroge jamais sur la façon dont le vieil homme vit cette agression. Son esprit en errance se souvient-il de la jeune fille fraîche et tendre que son fils a épousée quelque trente ans plus tôt ? De l'avis de tous, Marcel portait encore beau, à l'époque. On ne s'imagine même pas qu'il puisse souffrir de cette atteinte à son image et à son intimité. On n'a pas non plus pensé à utiliser des laxatifs par voie orale, moins traumatisants et tout aussi efficaces. Le lavement permet de régler le problème, voilà bien le principal ! Pourquoi perdrait-on son temps en scrupules ?

Le soir, Marcel est couché tôt, à cause de la traite des vaches qui dure jusqu'à 23 heures. Et les jours se succèdent immuablement, sans états d'âme, sans abandon non plus. La terre est exigeante, combien plus exigeante qu'un vieil homme qui n'a plus sa tête ! Marcel, qui lui a consacré toute sa vie, doit le sentir. C'est pour cela qu'il s'achemine en silence, sans déranger, vers le grand départ. Lorsqu'il mourra, une nuit ou un après-midi, on dira :

– Tiens, Marcel est mort.

Et on le portera, sans cérémonie, sans chagrin, dans cette terre qui cimente les familles jusqu'au plus profond de leur cœur.

LES RÉSIDENCES « GRAND LUXE »

Dans les années 70 ont disparu de notre langage les nobles mots de «vieux», «vieillards», devenus soudain si indignes qu'on les a remplacés par l'appellation pudique de «troisième âge». Oser utiliser le terme «vieillard», avec tout ce qu'il implique de sagesse, de beauté et de respect, ou encore parler des «vieux» en se rappelant ceux qu'Alphonse Daudet décrivait au coin de leur cheminée, attirait les foudres des bien-pensants.

Dans *Le Nommé et l'Innommable*, la psychanalyste Maud Mannoni souligne fort justement – et sans concession aucune – quelle dévalorisation s'attache à la notion de «personne âgée». Qu'il suffise pour s'en persuader d'observer la place que leur réservent les publicitaires. Telle réclame présente une dame d'un certain âge croquant une pomme à bord d'une voiture – un modèle d'avant guerre ! – pour preuve de la solidité de son dentier ; telle autre montre une grand-mère enseignant à sa petite-fille l'art de bien nettoyer les toilettes ; une compagnie d'assurances nous présente un couple à la retraite, voguant dans un grand parapluie retourné, pour louer les bienfaits d'une cotisation complémentaire ; enfin, les yaourts et les crèmes dessert voient la dame âgée cantonnée à la cuisine pour en régaler ses petits-enfants. En revanche, jamais on ne verra de femme mûre vanter les mérites d'un parfum, ni de vieil homme au volant d'une berline dernier cri !

Malgré tout, le marché du « troisième âge » se développe : voyages à travers le monde, assurances en tous genres (« Prévoyez vos obsèques, vos enfants ne paieront rien »), etc. On joue sur le registre de l'amour filial car on se rappelle fort opportunément combien les personnes vieillissantes sont sentimentales et se laissent guider par leurs émotions, et de quels sacrifices elles sont capables !

A l'aube du XXIe siècle apparaît un nouveau terme. L'heure n'est plus à la « personne âgée », mais aux « seniors », dont on découvre le pouvoir d'achat non négligeable et les désirs de consommation plus débridés qu'on ne l'imaginait, les femmes investissant surtout en produits de santé et en cosmétiques. Fini les yaourts et l'eau de Javel ! La presse évoque désormais l'« or des tempes grises », le « senior business », l'« Eldorado Senior [1] ».

Toutes les personnes âgées, bien sûr, n'ont pas les moyens de succomber aux sirènes de la réclame. Et c'est pour celles qui disposent d'un bon niveau de

1. *Macadam Journal*, dossier de Benoît Faucon et Colette Jamar, décembre 1997. Sources : *60 millions de consommateurs*, hors série « Seniors actifs », novembre-décembre 1997 ; J.-P. Tréguer, *Le Senior marketing*, Dunod, 1994.

revenus que certaines résidences grand luxe ont vu le jour, qui portent des noms tout aussi flamboyants que leur aspect intérieur et extérieur – grand parc, hall d'entrée somptueux, ascenseurs dernier modèle, corridors interminables, larges et bien éclairés, etc.

C'est dans une de ces résidences qu'un jour j'allai rendre visite à l'une de nos stagiaires, Sophie, qui y effectuait un stage pratique d'un mois. Les lieux évoquaient plutôt une entreprise moderne. J'empruntai l'ascenseur jusqu'au troisième étage, à l'invitation de l'hôtesse d'accueil. Manifestement prévenue, une jeune femme m'attendait. Elle me conduisit vers un petit salon où elle me pria de patienter, le temps d'aller chercher Sophie. A travers de larges baies vitrées, j'aperçus une salle où une vingtaine de femmes et d'hommes jouaient au Scrabble, faisaient des mots croisés ou lisaient. Ils semblaient en pleine possession de leurs moyens et avaient plutôt belle allure. Sophie m'expliqua bientôt que les autres résidents se trouvaient dans leur chambre, devant leur téléviseur, ou en compagnie de quelques voisins avec lesquels ils avaient sympathisé. C'était l'heure du goûter. Une collation allait être servie aux pensionnaires. Pour ne gêner personne, Sophie me fit visiter une chambre inoccupée, belle et spacieuse, dont les fenêtres s'ouvraient sur de grands arbres et à laquelle attenait une salle de bains luxueuse.

Dans nos centres de formation, nous évoquons souvent le coût de la pension pour les résidents : il constitue l'argument généralement avancé par la direction des maisons de retraite pour justifier le manque de personnel. C'est donc tout naturellement que nous en vînmes à évoquer cet aspect. Dans cet établissement, le tarif quotidien, très élevé, ne permettait d'accueillir que des retraités aisés, issus des familles bourgeoises de la région. Sophie insista sur le côté agréable de son travail, comparé aux tâches qu'elle avait assumées dans d'autres établissements. En fait, convint-elle en me reconduisant à l'ascenseur, la gestion était plus celle d'un hôtel que d'une résidence pour personnes du troisième âge, si ambitieuse fût-elle.

Je me suis toujours méfiée des ascenseurs, ces cages qui s'immobilisent entre deux étages ou vous déposent au sous-sol au lieu du rez-de-chaussée, et réciproquement – sans parler des entresols. Ce jour-là, j'étais seule dans l'ascenseur censé me reconduire au rez-de-chaussée. Comme il fallait s'y attendre, il me déposa à l'entresol, sans que j'y prenne garde. Je crus avoir retrouvé le couloir au bout duquel se situait le hall d'entrée. Ayant poussé une porte, je me retrouvai tout à coup dans une vaste salle complètement vide. Seule, une vieille dame en fauteuil roulant se tenait là, au milieu de la pièce. Manifestement, je m'étais trompée. Je tentai de rouvrir la porte pour repartir, en vain. Deux autres portes m'opposèrent la même résistance. Comprenant que j'étais enfermée, je voulus demander conseil à la vieille dame. Je ne rencontrai qu'un regard vide, un regard que je connaissais bien, celui des personnes désorientées. Ne restait qu'une issue : un jardin que j'avais aperçu en rentrant et sur lequel donnait cette pièce. Je m'y précipitai. Une dizaine de femmes et deux hommes s'y trouvaient assis dans leur fauteuil, seuls, paisibles, isolés, gardés par trois portes désespérément closes. De hauts murs entouraient ce petit jardin apparemment conçu pour eux. Pas un meuble dans la salle, aucune présence, rien que ce grand vide autour d'eux et en eux.

Quelle différence avec d'autres maisons de retraite moins renommées ! On y pousse les personnes désorientées dans un coin de soleil, sur des lieux de passage où, dans un lent et continuel cheminement, se déplacent les vieillards valides. Le personnel va et vient, affairé, hélant l'un ou l'autre avec un petit mot amical. La vie les enveloppe dans un tourbillon de bruits, de senteurs, de présences, qui les relie et les ancre dans une certaine réalité.

Je demeurai une courte demi-heure près de ces hommes et de ces femmes solitaires, tentant vainement d'attirer leur attention. Bien que ce fût l'heure du goûter, je ne vis arriver personne. Nul doute que cet étage n'était pas présenté – du moins tel que je le découvrais – aux visiteurs et éventuels clients. Ces « oubliés » recevaient-ils des visites de leur famille ? Rappelons que le fait d'honorer des factures élevées déculpabilise les absents : « Mon père (ou ma mère) est bien traité, je paie assez cher pour ça », pense souvent le fils ou la fille qui a choisi, pour les siens, ce que l'on fait de mieux. Oserait-on imaginer que, pour d'autres, c'est aussi un moyen de s'offrir une certaine tranquillité : « Je paie suffisamment cher pour ne pas me faire du souci... »

C'est un menuisier qui me montra le moyen de quitter les lieux. Il était arrivé en sifflotant, une scie sous le bras.

– Il suffit de taper le code qui est inscrit au-dessus, me dit-il en désignant le boîtier numérique installé près de chaque porte, manifestement fier de la modernité des installations.

C'était enfantin, en effet. Mais ce que j'avais découvert derrière cette porte m'avait paru si inhumain que j'en avais oublié toute démarche sensée. Avant de sortir, je me retournai une dernière fois vers les silhouettes tassées dans leur fauteuil. La vieille dame, au milieu de la pièce, n'avait pas bougé. Dans le corridor, nul bruit n'annonçait l'arrivée de la collation. Les personnes désorientées mangeant lentement, il eût été logique de commencer ce service par elles.

Je regagnai ma voiture et demeurai un long moment pensive avant de repartir. Par un raccourci audacieux dicté par l'indignation, je me rappelai non sans amertume un fait divers dont les médias s'étaient fait l'écho. Une femme sans emploi, ayant hérité une maison d'une dizaine de pièces, avait eu l'idée d'y accueillir des retraités. De l'avis de tous, elle s'en occupait remarquablement bien, et ses hôtes se sentaient heureux chez elle. Hélas ! son établissement ne répondait pas aux normes exigées par l'administration. Elle dut fermer les lieux et voir partir, le cœur gros, ses protégés, auxquels elle avait si bien dispensé bien-être et bonheur. Certes, ils n'étaient pas désorientés... La résidence que je venais de quitter, bien sûr, était parfaitement agréée.

Les exigences de l'administration apparaissent d'autant plus inadaptées, voire inefficaces, que les personnes désorientées sont parfois mal traitées dans certains établissements spécialisés et maisons de retraite. On arguera, comme toujours, du manque de moyens et de personnel. J'ai cependant rencontré des hommes et des femmes motivés, décidés à soigner et à accompagner avec humanisme et dignité ces personnes en difficulté pendant leur fin de vie. Trop souvent, malheureusement, les meilleurs et les plus obstinés finissent par s'user et par renoncer tant la tâche est ardue. Il faut une force peu commune pour pouvoir échapper à l'implacable système en place. Car ce ne sont pas seulement des fins de vie que gère le personnel auprès des personnes désorientées, ce sont des drames permanents.

Lors d'une formation que j'animais en maison de retraite, nous venions d'aborder la manière de nourrir les résidents qui ont perdu tout contact avec la réalité, lorsqu'une stagiaire éclata en sanglots. C'était une femme d'une cinquantaine d'années, pleine de bon sens, sensible et connue pour son grand cœur.

Comme je lui demandai pourquoi elle pleurait, elle me répondit :

– J'ai quinze personnes à nourrir chaque soir, or je suis seule. Croyez-vous que j'aie le temps de leur parler et d'attendre qu'elles veuillent bien ouvrir la bouche ? Elles mangent froid tous les jours, quand elles mangent !

Telle est l'horreur quotidienne de ces services où les vieillards désorientés sont si peu entourés, sacrifiés à l'urgence et aux exigences de la routine. Pour elles, toute nourriture, de l'entrée au dessert, est mixée en une bouillie qu'on les oblige à ingurgiter, sans se soucier de leur préférence ou du plaisir qu'elles pourraient encore éprouver à manger. Dans certains établissements, la plupart déjeunent et dînent assis sur leur chaise percée. Les familles qui, au début, venaient les voir régulièrement, espacent leurs visites pour ne plus venir du tout. Se sentant abandonnée, la personne désorientée finit par refuser toute nourriture. Ce signal, qui annonce la fin prochaine, est bien connu des soignants. Dans certains établissements, il ne constitue pas une alarme. Un jour que je m'en étonnais, je m'entendis répondre :

– Si c'est leur désir ? Pourquoi irions-nous contre leur désir ?

D'une vieille femme qui s'était laissée mourir parce que sa fille avait brusquement rompu tout contact, l'ensemble du personnel affirma :

– Elle s'est vengée.

Triste vengeance... Il n'était venu à l'esprit de personne qu'elle était morte de chagrin.

De telles réactions révèlent une agressivité inconsciente contre la personne désorientée, qui n'est pas considérée comme un être qui souffre, mais comme un être qui cherche à blesser, quitte à le payer de sa vie. De fait, elle blesse, ne nous leurrons pas. Elle blesse dans son refus permanent de communiquer. Elle blesse dans sa lenteur, dans cette fuite constante vers un monde dont elle nous interdit l'accès. Chaque fois que je me trouve en face d'une personne désorientée, la même idée me vient, dont je mesure à la fois le bénéfice et la difficulté : pour que chacun de ces vieillards vive dignement sa fin de vie, une personne devrait leur être attachée. Impossible, répondra-t-on. Pourtant, notre population vieillit, les emplois familiaux se développent, et il nous faudra bien envisager une solution digne d'une société qui se veut à la fois moderne et championne des droits de l'homme. Les emplois d'aide à domicile devraient être généralisés pour permettre une approche plus humaine de l'accompagnement. Vieillir et mourir chez soi, que l'on soit conscient ou désorienté, ne devrait plus être un problème, mais un projet que notre société, à l'aube du troisième millénaire, se doit de réaliser.

Marthe H.

Il y a quelques années, j'ai animé durant huit mois une formation dans une maison de retraite dans l'ouest de la France. Je m'y rendais chaque jeudi et y passais mes après-midi avec une quinzaine de participantes, employées dans l'établissement ou venant de l'extérieur. Nous travaillions sur la psychologie du vieillissement, l'accompagnement de fin de vie et la mort. Bientôt, je connaissais chacun des employés, que j'allais saluer avec plaisir avant chaque cours.

Un jour, dans un très long corridor, j'entendis soudain, formulé de façon claire et intelligible :

– Petite conne !

Je me retournai vivement. Une vieille femme, d'un pas en arrière, s'était brusquement cachée dans sa chambre. Je repris mon chemin et, de nouveau :

– Petite conne !

J'attendis la pause pour raconter l'épisode aux stagiaires. Elles rirent de bon cœur et m'apprirent l'histoire de Marthe. Elle était arrivée huit ans plus tôt, lucide, autoritaire, habituée à mener sa vie comme elle l'entendait. Le décès de sa fille aînée l'avait incitée à entrer en maison de retraite. La mort de sa cadette, quelques années plus tard, en avait fait une femme sénile. Ses trois petits-enfants, qui la jugeaient insupportable et sans cœur depuis toujours, ne venaient jamais la voir. Ils refusèrent de la conduire à l'enterrement de sa dernière fille. Toutes les excuses furent bonnes : le froid, le chagrin, la vieillesse... Terrible erreur dont aucun ne prit – et ne voulut prendre – conscience. Les vieillards, contrairement à ce que l'on pourrait penser, souffrent autant de la mort de leurs enfants que de jeunes parents. Qu'ils soient vieux ne les rend pas insensibles. En outre, une telle disparition n'est pas dans l'ordre des choses : n'est-ce pas à eux de mourir les premiers ?

Marthe ne put jamais faire le deuil de sa fille. Quel que soit l'âge de la personne qui reste, le rituel conserve toute son importance. Qu'il soit complètement grabataire, qu'il faille le porter ou le pousser en fauteuil roulant, le vieillard doit assister à la mise en terre de ceux qu'il a aimés. Or, on en avait privé Marthe. Quelques mois plus tard, la démence devenait son ultime refuge. Depuis, elle passait ses journées dans un incessant va-et-vient, de sa fenêtre à la porte de sa chambre, pour insulter quiconque avait la malchance de passer dans le corridor.

Tout le monde connaissait l'histoire de Marthe, qu'elle-même avait racontée, dès son arrivée, avec complaisance. Elle était veuve depuis la Grande Guerre. Son mari tué au front, elle s'était retrouvée seule avec deux fillettes en bas âge. L'époque était barbare pour ces jeunes veuves. On ne se remariait pas, et l'on s'aventurait encore moins dans de nouvelles amours, à moins de se livrer à la vindicte générale. Le deuil perpétuel et le travail sans relâche – indispensable lorsqu'on sait que la pension accordée en échange de la vie du disparu suffisait tout juste à acheter le pain de chaque jour – devinrent son lot quotidien.

Pour nourrir ses deux enfants, Marthe avait trouvé un emploi de lingère dans des maisons bourgeoises, puis avait eu l'opportunité d'entrer dans une usine où elle avait travaillé, comme ouvrière, jusqu'à l'âge de soixante-cinq ans. Sa vie sans autre amour que le souvenir d'un mort, son interminable labeur pour un salaire puis une pension dérisoires, l'avaient rendue dure, sans tendresse pour elle-même ni pour les autres. Elle en avait conçu une aigreur qu'elle ne se privait pas d'exprimer ; comme elle se plaisait à le répéter, elle n'avait failli en rien, mais elle n'avait joui de rien. Elle avait porté cet âpre renoncement comme un étendard. De même elle alla, vêtue de noir, jusqu'à la fin.

Je pris l'habitude de lui rendre visite, après mes cours. La première fois, je la trouvai près de la fenêtre située à l'opposé de la porte qui, comme toujours, était grande ouverte. Je frappai et, demeurant sur le seuil, la saluai et me présentai. Il me semblait important de respecter son espace privé, même si elle paraissait ne pas s'apercevoir de ma présence.

Un petit jeu s'instaura entre nous. Dès qu'elle reconnaissait mon pas dans le corridor, elle courait se poster à la fenêtre. A peine repartie, il suffisait que je me retourne pour la voir sur le pas de sa porte. Elle avait cessé de me gratifier de noms d'oiseaux et me regardait m'éloigner en silence. Je lui parlais de moi, jamais d'elle. Je lui racontais qui j'étais et ce que je faisais dans l'établissement. Je citais les noms des stagiaires qui, à d'autres moments, s'occupaient d'elle. Tout en lui parlant, je m'avançais lentement dans sa chambre. Elle demeurait près de la fenêtre. Comprenait-elle ce que je lui disais ? Je l'ignorais, mais elle me semblait plus calme. Parfois, je commentais ce que nous regardions par la fenêtre.

Jamais je ne l'avais touchée – rien dans son attitude ne me le permettait – jusqu'au jour où j'effleurai son bras. Je lui dis alors :

– Vous devriez venir vous asseoir. Dans le fauteuil ou sur votre lit. Moi, je prendrai la chaise. Nous serions mieux toutes les deux.

Elle ne bougea pas. Elle avait dû être grande et maigre. Sa sécheresse était encore accentuée par le peu de cheveux qui lui restait et qu'on lui nouait, le matin, en un petit chignon sur la nuque. Elle avait le cou long, décharné, et des mains encore vigoureuses. Chez qui prenait le temps de l'observer, elle suscitait, malgré elle, une certaine tendresse. Je la soupçonnais de saisir beaucoup de choses, mais elle restait sur la défensive, attitude qui avait dû la servir tout au long de sa vie. Elle ne cédait pas un pouce de terrain. Ma proposition de nous asseoir la laissa de marbre. Je la réitérai néanmoins chaque jeudi. J'avais l'impression que je pouvais l'atteindre. De plus, la plupart des stagiaires reconnaissaient qu'elle devenait moins agressive.

Trois bons mois passèrent. Un jour, en arrivant à la maison de retraite, je vis Sylvie, la soignante affectée à l'étage de Marthe, qui me faisait de grands signes du haut du perron, le visage radieux. Tandis que je montais les marches, elle s'écria :

– Elle s'est assise, elle s'est assise !

Je la regardai sans comprendre. Elle précisa :

– Marthe ! Elle s'est assise dans son fauteuil !

Nous éclatâmes de rire et prîmes à grands pas le chemin de la salle de cours.

– Et vous savez quand ça c'est passé ? reprit Sylvie, très animée. A 16 h 30, hier. L'heure à laquelle vous allez la voir. Elle s'est trompée d'un jour, d'accord, mais c'est quand même super, non ?

Lasse d'invectiver les gens qui circulaient devant sa porte et de passer ses journées à scruter le jardin, Marthe prit l'habitude de longs repos dans son fauteuil. Je continuai à aller la voir, chaque jeudi, sans jamais lui parler de son passé. Cette attitude me paraissait cruciale : son histoire lui appartenait puisqu'elle ne me l'avait jamais confiée. Protéger son intégrité, même si elle paraissait ne pas s'en apercevoir, était de la plus haute importance.

Les employés prirent l'habitude de passer chaque jour un moment près d'elle. Ainsi, Marthe cessa d'être « la vieille folle du rez-de-chaussée » et devint une dame âgée qui s'apaisait au fil des jours et profitait d'une paix dont elle avait jusque-là si peu joui dans sa vie.

La formation prit fin. Je ne revins plus qu'épisodiquement dans l'établissement. Marthe y vécut entourée, choyée. C'était une victoire pour toutes celles qui avaient vécu cette aventure. Elle mourut paisiblement huit mois plus tard.

LA DÉMENCE SÉNILE, FUITE ULTIME DEVANT LA DÉTRESSE ET LA SOUFFRANCE

Les médecins parlent de dégénérescence neurologique au sujet des personnes âgées désorientées. Les psychologues et les analystes préfèrent voir dans ces troubles la manifestation d'une souffrance insurmontable, de deuils impossibles à faire, de pertes nombreuses et successives que le sujet âgé ne parvient plus à gérer. Cependant, aucune de ces explications n'apporte de certitude. Pour ma part, mon expérience m'a prouvé l'importance de l'attention et de l'amour qu'il convient d'apporter aux personnes âgées désorientées.

Il m'arrive souvent de penser que la fuite dans la démence s'apparente à un suicide manqué ou encore à un aveu d'impuissance à continuer d'affronter la vie. Par ce : « Je suis là et je ne suis plus là » que nous oppose cet être en souffrance, ne faut-il pas aussi comprendre : « J'ai envie de mourir, mais je n'en ai pas le courage », ou encore : « Portez-moi, moi qui ne peux plus vivre. »

Longtemps, on s'est défié de la personne désorientée. Qu'attendre, en effet, d'un homme ou d'une femme qui exige tout et ne donne rien en retour ? Un bébé sourit, gazouille, grandit, comble de bonheur. Un vieillard sénile n'offre que silence, décrépitude, et renvoie invariablement à cet univers d'ombres inconnu dans lequel il se tient. On lui tient rigueur de nous échapper ainsi. Pas tout à fait mort, il nous interdit de faire son deuil ; toujours vivant, il nous condamne à l'incertitude et à l'angoisse. Il s'agit là encore d'une histoire d'amour, d'un refus d'admettre que tout est irrémédiablement perdu.

Dans sa souffrance, la personne démente a conscience des gestes dont on l'entoure, elle les perçoit, s'en nourrit, même si elle s'égare dans leur restitution. Il n'est pas vain d'affirmer que, tant que souffle la moindre parcelle de vie dans un être humain, le droit sacré à la communication demeure. « Semez, il en lèvera toujours quelque chose », pourrait-on dire. Et même si le retour nous paraît dérisoire en regard de ce que nous donnons, ne cessons pas de nourrir, de soigner, d'aimer cet être qui s'est perdu quelque part en lui-même et qui, peut-être, tente désespérément de nous joindre.

Avec son corps, avec ses propos décousus, la personne désorientée nous raconte une histoire. Il nous appartient de l'entendre et de l'apaiser en lui disant que nous l'avons comprise et que nous l'acceptons, même si elle nous désespère. Ce sont nos attitudes, nos caresses, le son de notre voix qui maintiendront l'échange indispensable à toute survie. Je ne doute pas que l'humanité entière s'enrichisse de cette relation nouvelle qui s'instaure avec ceux qui, un jour, nous ont abandonnés pour devenir des étrangers, si différents de ceux que nous avons aimés et connus.

3

L'accompagnement des grands malades

C'est qu'il nous faut consentir
A toutes les formes extrêmes
L'audace est notre problème
Malgré le grand repentir

Et puis il nous arrive souvent
Que ce qu'on affronte change
Le calme devient ouragan
L'abîme le moule d'un ange

Ne craignons pas le détour
Il faut que les orgues grondent
Pour que la musique abonde
De toutes les notes de l'amour

Rainer Maria Rilke

LA MAGIE DU VERBE

Je me suis attachée à démontrer l'importance de l'accompagnement des personnes âgées et désorientées. Entamer leur fin de vie dans la paix et la sérénité ne peut que les aider à aborder cette ultime étape de leur croissance. Pour tout être humain, l'acheminement vers la mort est une étape importante. Nous devons à cet âge les mêmes égards, les mêmes soins qu'à l'enfance et à l'adolescence. Il fait partie intégrante de la vie et permet de la relier harmonieusement à la mort. Le rite de passage peut alors s'accomplir de façon naturelle, sans abandon.

La personne âgée accepte souvent l'idée de sa disparition sans difficulté. Son grand regret est d'abandonner les siens, et sa seule inquiétude de savoir comment ils survivront sans elle. Si elle a bénéficié d'une fin de vie heureuse, la personne désorientée ne sent pas sa mort venir.

Il n'en va pas de même pour le malade en phase terminale, qui doit d'une part affronter la rupture tragique et prématurée de sa vie, la déchirure avec son conjoint, ses enfants et tous ceux qu'il aime, et, d'autre part, supporter sa déchéance physique accompagnée, la plupart du temps, d'une souffrance qui le mène au démantèlement de sa personnalité.

L'expérience que Marie de Hennezel relate dans *La Mort intime* est bouleversante et riche d'espoirs pour l'avenir. Malheureusement, les unités de soins palliatifs sont encore trop peu nombreuses en France. Il n'en existe qu'une cinquantaine à l'heure actuelle. Elles se développent lentement, par manque de moyens financiers, mais aussi parce que l'on ne saisit pas encore toute la dimension humaine et spirituelle de l'accompagnement.

Dans la plupart des cas, ce sont des bénévoles qui apportent leur soutien aux malades en fin de vie.

Mais il arrive trop souvent que ceux-ci se heurtent à des médecins et à des soignants qui leur interdisent l'accès au patient, et au système hospitalier dans son ensemble qui aborde toujours la mort, sujet tabou, avec beaucoup de réticences. L'exemple d'Elisabeth Kübler-Ross est à cet égard exemplaire.

Il y a quarante ans, jeune psychiatre américaine, Elisabeth Kübler-Ross sollicite le droit de s'approcher des grands malades pour aborder avec eux leur fin de vie. Effarement, cris d'horreur, voire insultes des médecins de l'époque. On la traite de sorcière. Et pourtant, une jeune fille qu'elle invite à venir parler de sa maladie devant ses étudiants accepte sa proposition, mais, prévient-elle, elle ne restera que cinq minutes, tant elle se sent lasse. Elle va s'exprimer en fait pendant près d'une heure.

Ceux qui ont lu les travaux d'Elisabeth Kübler-Ross connaissent son bureau entouré de glaces sans tain derrière lesquelles prennent place les étudiants. Assistée d'un prêtre, elle y reçoit les malades en fin de vie. Ils n'ignorent pas qu'ils sont observés et écoutés. Mais la magie du verbe opère. C'est cela qui lui permet d'affirmer, comme Marie de Hennezel, que les mourants sont nos maîtres, pour peu que nous prenions la peine de les écouter. Si, comme trop souvent encore, le malade meurt sans avoir pu exprimer sa détresse physique et morale, sa révolte ou sa résignation, sans avoir su dire adieu à ceux qu'il aime, sa vie se trouve amputée de ces moments ultimes qui le préparent à l'éternité. Dans bien des cas, j'ai pu observer que la médiation de l'accompagnant permet la réadaptation harmonieuse d'une famille que l'on avait trouvée en plein désarroi parce que perdue dans la souffrance, le non-dit, la hantise de blesser l'autre. Il n'est de pire blessure que la non-communication.

Thérèse ou le dernier été

Pendant l'été 1958, j'étais loin de penser à la mort, dont la faux ne frappait que vieillards et accidentés. Lorsqu'elle se rappelait à moi, je m'empressais de l'oublier, n'y voyant qu'un simple concept que j'aurais largement le temps d'aborder plus tard. A quatorze ans, la vie s'ouvrait large et belle devant moi et je ne nourrissais d'autres projets que de la vivre, avec ivresse, le plus possible. C'était les vacances, nous avions quitté Paris pour l'Alsace, où mes parents avaient planté une toile de tente au bord d'un lac. Pêche, cuisine au feu de bois, baignades, premières cigarettes que mon jeune frère de treize ans et moi fumions à l'abri des haies... Nous jouions les Robinson, ignorant que la mort avait commencé à tracer sa route dans cette vie qui fleurissait chaque matin. Si on nous l'avait dit, nous en aurions ri.

Ma mère, depuis quelques mois, se plaignait de douleurs dans le dos. Les médecins avaient diagnostiqué une sciatique. Sans y prêter plus d'attention, nous repartions vers nos jeux. L'insouciance est un des traits de l'enfance. Cet été-là, la souffrance de ma mère redoubla. Elle dut interrompre ces vacances pour consulter un médecin. Nous terminâmes notre séjour, et c'est alitée que je la retrouvai, chez sa mère, à Metz. Je me souviens de mon désarroi. Voir sa mère couchée est tellement incroyable que l'on a peine à l'admettre. Le matin, une mère est debout avant même qu'on se réveille, et le soir, bien après que l'on s'est endormi. Une mère, c'est une présence vivante, constante, un feu qui ne s'éteint pas. Les fées, on le sait bien, ne se couchent jamais. Elles vont et viennent avec tant de vivacité que l'on n'imagine pas qu'elles puissent s'immobiliser. Ma mère condamnée au lit, ce devait être une erreur.

Et elle se releva, en effet. C'était pour me conduire à la pension où j'étais inscrite pour la nouvelle année scolaire, dans une petite ville aux confins de l'Alsace et de la Lorraine : Phalsbourg. Mon frère nous accompagnait. Il était interne au lycée de garçons, tandis que je logeais dans un pensionnat tenu par des religieuses.

La vie avait repris son sens. Nous rîmes de bon cœur lorsque la supérieure saisit le bras de ma mère pour l'accompagner au dortoir :

– Elle m'a prise pour toi ! me dit-elle, avec une joie mutine.

Quoi d'étonnant ? A trente-quatre ans, elle avait l'air si jeune.

Je repris l'école. Elle se recoucha, à la maison dans un premier temps, puis à l'hôpital, où elle fut admise de plus en plus fréquemment. A cette époque, on faisait peu de confidences aux enfants. La maladie, c'était un problème d'adultes. De nous, on n'exigeait que de bons résultats pour ne pas lui causer de chagrin. Elle nous écrivait souvent. Je voyais son écriture perdre de sa fermeté au fil des pages. Comme toutes les mères, elle nous engageait à la sagesse, au travail, et, comme tous les malades, elle évoquait sa prochaine guérison.

Tous les pensionnats sont traversés par d'interminables corridors, sombres et austères, auxquels mes jours se mirent à ressembler, que je vivais, coudes au corps, sans trop réfléchir à cette maladie qui ne portait pas de nom et s'éternisait. Ma gorge se nouait, ma poitrine se serrait, mes rires se brisaient. Je devenais triste, naturellement.

A Noël, mon frère et moi étions à Paris. Mes deux petites sœurs, âgées respectivement de douze et cinq ans, y vivaient, élevées par notre grand-mère maternelle. De la gare de l'Est, mon père nous conduisit directement à l'hôpital de Montfermeil. Nous traversâmes une banlieue triste en cette sombre journée d'hiver. Dans l'intimité de la voiture, mon père nous prépara, en peu de mots, à la réalité que nous allions devoir affronter pour la première fois. Nos visites seraient peu fréquentes, brèves, sans paroles inutiles ni agitation autour du lit. Nous ne devions pas fatiguer notre mère. Je finis par lui poser la question qui me tourmentait depuis quelques semaines :

– Mais enfin, qu'est-ce qu'elle a ?

– Cancer, me répondit-il brutalement.

A cette époque, très rares étaient ceux qui en guérissaient. Mon père aurait tout aussi bien pu me dire. « Elle est en train de mourir. »

Nous passions alors devant un grand immeuble, qui me sembla choisir cet instant pour s'effondrer, inexplicablement. Sous mon regard affolé, les murs se plièrent, les étages s'affaissèrent, et je vis s'abattre l'ensemble comme un château de cartes. Je découvrais le sens littéral de l'effondrement.

Mon père n'avait guère pris de précautions. La souffrance, en moi, taillait sa route à coups de scalpel. Il me faut écrire ces lignes, quelque quarante années plus tard, pour me souvenir que mon frère était assis à l'arrière. Avait-il entendu le mot de mon père ? Bien sûr. Comme moi, il n'avait manifesté aucune réaction. Nous ne devions jamais en reparler. Le non-dit commençait son œuvre, aussi inhumaine que cette banlieue où les immeubles, solides, carrés, reprenaient à mes yeux leur apparence habituelle.

Mon père et mon frère pénétrèrent directement dans la chambre de ma mère. Je restai appuyée contre le mur, dans le corridor, tentant vainement de retenir mes larmes. Des hommes et des femmes passaient, sans s'inquiéter de mon chagrin. C'est chose si courante, dans un service de cancérologie ! Je finis par entrer à mon tour et allai embrasser ma mère :

– Pourquoi pleures-tu ? me demanda-t-elle.

– Parce que je suis heureuse de te revoir, lui mentis-je.

Elle se savait condamnée, mais ignorait sans doute ce que mon père nous avait révélé. Elle cherchait à me protéger en refusant de comprendre la raison de mes pleurs. J'agissais de même en lui cachant la véritable cause de mon chagrin. Comment aurais-je pu lui répondre : « Parce que tu vas mourir » ? C'eût été formuler explicitement l'idée de sa disparition prochaine, ce qui m'était insupportable. J'étais jeune, le fardeau était lourd et personne ne nous avait préparés à cette réalité, personne ne nous avait appris comment la supporter et, plus tard, l'assumer.

Pour mon père, l'essentiel avait été dit. Le seul mot qu'il avait prononcé devait nous suffire, comme il lui avait suffi. Aujourd'hui encore, il refuse de reconnaître que notre mère aurait sans doute vécu plus facilement ce qu'elle considérait comme une désertion vis-à-vis de ses quatre enfants, si elle avait pu évoquer sa propre mort avec eux. Pour lui, c'était impensable. Ce le fut, en conséquence, pour nous. Nous étions donc désespérément seuls, emmurés dans notre souffrance, tentant maladroitement de nous épargner les uns les autres.

Au pied du lit de ma mère, je devinais déjà, sous le drap, le terrible amaigrissement de son corps. Je contemplais sa lourde chevelure brune maintenant mêlée de cheveux blancs. Elle s'inquiétait de nos résultats, de notre conduite, continuait à nous exhorter, comme dans ses lettres. La visite dura quinze courtes minutes. L'heure des soins étant arrivée, une infirmière et une aide-soignante pénétrèrent dans la chambre :

– Partez, maintenant, nous dit ma mère.

– Nous allons attendre dans le corridor, lui répondis-je. Nous reviendrons après.

– Non, partez, rentrez à la maison.

Elle ordonnait, s'épuisant du geste et de la voix dans un souffle d'autorité désespérée. Un peu plus tard, je compris qu'elle avait une nouvelle fois cherché à nous épargner. En allemand, le cancer se dit *Krebs*, qui veut dire « crabe ». L'animal la dévorait vive ; son dos n'était plus qu'escarres. La morphine n'agissant plus, nous affirmait-on à l'époque, le changement de ses pansements la faisait terriblement souffrir ; elle nous avait éloignés pour que nous ne l'entendions pas hurler. L'époque était atroce pour ces grands malades. J'ai appris par ma grand-mère que les infirmières, émues par le sort de ma mère, lui apportaient un café au moment de leur pause, plaisir modeste qu'elle appréciait beaucoup. Cette amitié n'empêcha pas qu'elle fût placée dans une chambre réservée aux mourants ; elle y vécut la pénible agonie de plusieurs malades, seule, la nuit. Est-il possible d'assumer sa mort prochaine et d'assister, spectatrice impuissante et muette, à celle des autres ?

Le trimestre suivant, je crus me trouver dans un tunnel sombre, oppressant, dont je ne voyais pas l'issue. Ma mère eut le courage de survivre jusqu'à Pâques, date à laquelle nous revînmes la visiter, mon frère et moi. Ses cheveux avaient entièrement blanchi. Son corps, sous le drap, était devenu inexistant. Alors que je me tenais de nouveau au pied de son lit, elle me demanda où j'étais. Je compris qu'elle était devenue presque aveugle.

Nous lui parlions peu, nous, ses enfants. Que lui aurions-nous dit ? Tout le monde savait qu'elle souffrait d'un sarcome osseux et qu'elle était en train de mourir, mais personne n'osait échanger la moindre parole à ce sujet, et encore moins pleurer, de peur de la bouleverser, craignait mon père. Il puisait dans une éducation rigide et dans ses origines protestantes la force nécessaire à un « accompagnement » sans faille – du moins le croyait-il. De la tenue, aucune parole inutile. Les grandes souffrances sont muettes, c'est bien connu ; il n'aurait toléré aucune faiblesse. Pour elle, disait-il, pour que sa fin soit paisible. Que n'invente-t-on pour éviter d'affronter l'essentiel ?

La dernière fois que je vis ma mère, brièvement comme à l'accoutumée, je surpris quelques bribes d'une conversation entre mes parents. Mon père évoquait le sacrifice du Christ, ce à quoi elle répondit avec âpreté :

– Le Christ n'avait pas quatre enfants, lui.

Mon père, s'apercevant que j'écoutais, me fit sortir de la chambre. On a toujours cru que les enfants et les adolescents souffrent moins que les adultes. Sous prétexte de les préserver, on les écarte, niant ainsi leur droit à connaître les réalités, mettant en danger leur équilibre psychique futur, alors qu'ils sont capables de percevoir et d'assumer ces situations dramatiques avec une lucidité et une force non négligeables. Je n'étais pas la seule qu'on écartait ainsi. Ma sœur Élisabeth, âgée de cinq ans, n'avait même pas le droit de pénétrer dans la chambre de notre mère. Le règlement de l'hôpital l'interdisait. Elle attendait la fin des visites dans le jardin, quatre étages plus bas. Lorsqu'elle pouvait encore marcher, ma mère se levait pour la saluer par la fenêtre. Alors, ma sœur distinguait sa silhouette et percevait ce drame que tout le monde lui dissimulait. Elle appelait en pleurant, ce qui faisait sangloter ma mère. On jugea ces scènes trop éprouvantes ; ma mère dut se dissimuler derrière le store pour apercevoir sa dernière-née. Ma sœur ne la revit jamais. En nous privant de ces échanges, de toute communication visuelle, verbale ou gestuelle, on nous condamnait à une souffrance sans espoir d'apaisement. La souffrance était « langue interdite » dans notre famille. Son expression empêchait le caractère de se tremper et menait à une faiblesse inacceptable. Elle était indigne.

Lorsque mes parents en eurent fini de leur dissertation sur la mort du Christ, je pus revenir dans la chambre. Nous partîmes peu après. Au moment où je l'embrassais, elle me souffla :

– Tu ne m'oublieras pas ?

Ce fut son premier, son dernier, son seul aveu. Je déployai une force inouïe pour refouler mon chagrin.

Elle devait mourir quelques jours plus tard, et je refusais désespérément de croire que je la voyais pour la dernière fois. Sans cela, je l'aurais regardée un peu plus longtemps avant de refermer la porte sur elle.

UNE LANGUE INTERDITE

Le 14 avril 1959, quelques minutes après 9 heures, débutait mon cours d'allemand, langue fréquemment enseignée dans les écoles d'Alsace-Lorraine, où la grande majorité des familles parlent un patois chantant qui lui ressemble beaucoup. A la maison, nous n'utilisions que le français. L'allemand était interdit, la Seconde Guerre mondiale étant encore trop proche dans les esprits. J'étais donc, ce matin-là, en cours de langue interdite.

Baissant machinalement les yeux vers le sol, je demeurai pétrifiée. Une énorme araignée s'était immobilisée près de ma chaise. S'il est bien un animal qui me terrorise, c'est celui-là. L'écrivain espagnol Eva Forest, arrêtée et torturée sous Franco pour menées communistes, écrivit quelques années plus tard: «Je résistai à la souffrance, mais s'ils avaient su ce qu'ils pouvaient me faire dire avec une araignée...» Bien sûr, je n'ai jamais été livrée à la torture; néanmoins, je comprends l'aveu de cette femme de grand courage. A cette époque, les élèves n'étaient pas invités à s'exprimer librement dans les salles de classe, même pour les meilleures raisons du monde. Je relevai les yeux. Mon corps tétanisé tremblait, saisi de picotements de la tête aux pieds. Je résolus de jeter un dernier regard, décidée quoi qu'il m'en coûtât à fuir ma place si l'ignoble bête était encore là. Mais elle avait disparu. Aucun élève ne l'aperçut plus de la journée. Nul ne la revit dans cet univers pourtant clos, exigu, où nous passions nos journées. Chaque fois que je me remémore cette scène qui m'a tant marquée, j'envisage l'hypothèse d'une hallucination. Quel message, venu d'ailleurs, avait pu me plonger dans ce moment d'intense horreur ?

Ce même jour, au même moment, à quelque quatre cents kilomètres de là, ma mère mourait dans la plus atroce solitude.

Le lendemain après-midi, alors que j'errais le long des corridors, la secrétaire du proviseur m'ordonna de me rendre dans son bureau. Je repris mon vagabondage, d'un couloir à l'autre, cherchant à retarder le moment que j'appréhendais. Une demi-heure plus tard, je retombai sur la secrétaire, qui renouvela son ordre. Je dus obtempérer. De toute façon, *je savais*.

Le proviseur me reçut. Il m'annonça que ma mère venait d'être ramenée à Metz où elle allait poursuivre son traitement dans un hôpital de la ville. Je l'interrompis :

– Ce n'est pas vrai, elle est morte.

Il n'hésita qu'un court instant avant de me répondre :

– C'est vrai. Vous allez prendre le train demain pour Metz, avec votre frère, ajouta-t-il. Votre père vous attendra à la gare. Présentez-lui mes condoléances.

Je me laissai emporter par un court accès de chagrin, mais séchai vite mes larmes. Elles m'avaient tant été comptées, ces huit derniers mois, qu'il m'était facile de les retenir encore une fois. Presque un réflexe.

Au local des Éclaireurs de France, je trouvai mon frère qui se préparait pour une sortie. Je le regardai et lui annonçai simplement :

– Elle est morte.

Il posa son sac sans un mot, me prit par le bras et m'entraîna vers les remparts, où les élèves passaient leurs récréations. Il tira son harmonica de sa poche et se mit à jouer la cantate BWV 147 de Bach, que ma mère avait offerte à mon père pour son dernier Noël. « Jésus, que ma joie demeure. » Nous marchions, seuls avec la musique.

LA MORT, UNE ÉPREUVE POUR TOUT LE MONDE

La souffrance n'est jamais vaine. Cela ne signifie pas qu'il faille la rechercher et s'en repaître. Bien au contraire, et surtout lorsqu'il s'agit de souffrance physique, il convient de tout tenter pour la supprimer ou l'atténuer. Négliger d'agir en ce sens est un crime.

En ce qui me concerne, cette première épreuve douloureuse avait semé en moi des graines qui allaient mettre longtemps à germer, mais me porter assez naturellement à comprendre celle des autres et à m'employer à l'apaiser. L'héritage de ma mère, en quelque sorte. En la voyant mourir si vite, en si peu de temps, j'appris tout ce qu'il ne fallait pas faire.

Aujourd'hui encore, malgré les progrès de la médecine et le soutien des psychologues, la mort d'un malade demeure éprouvante pour tout le monde. Pour les médecins tout d'abord, dont le métier est de sauver des vies et qui ressentent le décès de leur patient comme un échec. Pour le personnel hospitalier aussi, qui s'attache aux hommes et aux femmes qu'il soigne. Pour la famille enfin, impuissante et fragilisée, blessée au plus profond d'elle-même, qui parvient très difficilement à assumer la fin de vie de l'être aimé et le deuil qui s'annonce. Dans de telles conditions, il est rare de pouvoir gérer de façon apaisante et constructive cette souffrance qui atteint tous les acteurs du drame. Il est malheureusement très improbable que s'instaure, autour d'un malade, une sérénité consensuelle. Les unités de soins palliatifs y veillent et effectuent un travail remarquable, mais ils sont en si petit nombre : en trop d'endroits encore, des malades en fin de vie et des familles traversent cette si difficile période dans la solitude et la douleur.

L'entourage du malade en phase terminale est le jeu de toute une série d'interactions. D'une sensibilité extrême, le malade les perçoit. Son angoisse s'accroît si l'équipe soignante n'entretient pas une relation harmonieuse avec lui.

Des réunions fréquentes, où chacun peut s'exprimer librement sans être jugé, permettent un ajustement des comportements et une approche plus réfléchie et plus apaisante du mourant et de sa famille. Il arrive encore trop souvent que le médecin n'ose dire la vérité à son malade et l'abandonne, malgré sa demande, dans un non-dit destructeur. En somme, le médecin charge son patient d'un problème que lui-même ne peut assumer ; il projette sur lui sa propre incapacité à recevoir la nouvelle de sa disparition prochaine – à supposer qu'il se trouve à sa place. Or, ce n'est pas lui qui souffre et qui va mourir. Mais il détient le pouvoir. S'il s'enferme dans le silence, son équipe sera conduite à adopter la même attitude.

Il n'y a pas de plus grand confident qu'un médecin. Le patient lui fait une confiance absolue. Il le croit capable de le sauver, et par conséquent susceptible de lui dire la vérité. Le médecin qui se pense « humain », parce qu'il soigne et soulage, ignore qu'il se montre inhumain lorsqu'il ne se résout pas à reconnaître son impuissance et à dire la mort qui s'annonce. Il devrait au contraire comprendre combien, dans ces moments-là, son rôle est fort et beau ; combien le malade et sa famille seraient finalement soulagés, malgré le choc qu'il leur infligerait. En évitant le non-dit, le médecin ouvre la voie d'une fin plus paisible et d'une nouvelle vie plus sereine pour les survivants, après leur période de deuil. Car, si le malade en phase terminale s'éteint dans la paix, sa famille pourra plus aisément se reconstruire. Savoir dire la mort, c'est permettre à la vie de continuer.

JEAN P.

Jean avait soixante ans lorsque je le connus par le truchement de sa fille Catherine. Elle préparait, dans le centre de formation où je travaillais, un concours d'entrée à l'école d'infirmières. Père de trois enfants, ancien ouvrier des chantiers navals, il avait milité toute sa carrière pour la condition ouvrière et comptait bien continuer à s'investir dans la vie associative durant sa retraite. Le sort en décida autrement : un jour, Catherine m'apprit qu'il venait d'être hospitalisé.

Après une série d'examens, les médecins décelèrent un cancer de l'intestin. Malgré plusieurs interventions, la maladie progressa. Jean parvint à obtenir la vérité de son médecin : il ne lui restait que peu de temps à vivre. Il en informa aussitôt sa femme et ses enfants. Cette famille était simple, chaleureuse, très soudée. Catherine me raconta qu'en leur annonçant sa disparition prochaine, son père les avait priés de faire front avec lui et de « se serrer les coudes ». Elle ajouta qu'elle le soupçonnait, malgré le courage qu'il manifestait, de vivre d'intenses moments de solitude et me demanda de l'accompagner lors d'une de ses visites.

Jean me reçut avec cordialité. Il ne semblait pas souffrir. L'heure que nous passâmes ensemble se déroula paisiblement. Je perçus toutefois les quelques regards aigus qu'il nous jetait, à sa fille et à moi. Au moment de partir, je lui demandai la permission de revenir le voir. Il accepta, en me donnant l'impression de s'en réjouir. Je me rendis donc régulièrement à l'hôpital de S. C'est au cours de ces visites que Jean, par bribes, m'apprit l'histoire de sa vie. Il se racontait comme pour fuir la réalité. Ses pommettes rosissaient, accentuant encore les contours de son visage amaigri. Je finis par lui dire :

– Ne vous forcez pas à parler pour moi, Jean. Je ne m'ennuie pas, près de vous.

Il me décocha un regard insondable, soupira et ferma les yeux. Puis, quelques instants plus tard, il murmura :

– J'aurais bien vécu vingt ans encore...

Je pris la main qu'il m'abandonnait, lui laissant entendre ainsi que j'étais prête à entendre le chagrin qu'il éprouvait à voir sa vie interrompue si tôt. Mais il se tut et un silence d'une intensité peu commune s'installa entre nous. En évoquant des souvenirs heureux, Jean éludait l'avenir. Il puisait là ce courage qui le portait et qu'il insufflait à son entourage. Nul n'était dupe, mais tous « se serraient les coudes », comme il le souhaitait.

Le médecin qui le soignait était un homme remarquable. Il venait souvent s'asseoir près de son lit pour discuter à bâtons rompus avec lui. Lorsque j'étais là, Jean me permettait d'assister à leurs conversations. Un après-midi, lorsque le médecin dut quitter la chambre, appelé par les obligations de son service, Jean me fit un clin d'œil.

– Il est chouette hein ? me dit-il.

A l'autre bout du corridor, dans un petit parloir, la famille de Jean se réunissait chaque semaine avec le personnel soignant pour évoquer l'évolution de sa maladie. La femme de Jean pleurait beaucoup. Je vis un jour le médecin se lever pour aller lui chercher des mouchoirs en papier. Une autre fois, inquiète de la santé de sa mère, Catherine suggéra de lui prescrire des calmants :

– Laissez-la pleurer, lui répondit le médecin. Cela ne servirait qu'à endormir son chagrin, qui se réveillera tôt ou tard ou finira par se manifester sous d'autres formes, ce qui ne serait guère meilleur.

Quelque temps après ma première visite à Jean, ses douleurs s'amplifièrent. Il maigrit beaucoup durant le mois qui suivit. Ses traits se figèrent, perdirent leur expression. De grosses veines bleues saillaient le long de ses mains. Il lui arrivait d'étouffer une plainte. Les discussions avec le médecin se faisaient plus courtes, mais celui-ci ne lui consacrait pas moins de temps. Les silences devenaient plus pesants. On n'entendait rien dans la chambre. Pourtant, un courant très fort passait entre les deux hommes. Lorsque la porte se refermait sur son visiteur, Jean la fixait longuement, comme pour prolonger l'intensité du moment qu'il venait de vivre. Il devait regretter, parfois, que cet homme qui le comprenait si bien dût s'éloigner si vite.

Il m'est arrivé de me demander s'il ne considérait pas, par moment, que la vérité qu'il avait réclamée et obtenue était trop lourde à porter. Je savais que ce regret ne l'aurait pas empêché de la regarder en face. Jean avait entrepris de mener ce dernier bout de chemin comme il avait mené toute sa vie : avec force et lucidité.

La famille se resserrait autour de lui, de plus en plus désarmée, impuissante. Moi-même, j'arrivais sur la pointe des pieds, m'asseyais près de son lit et chuchotais :

– Bonjour, Jean.

Il se contentait d'un regard et d'un pâle sourire. Je prenais sa main, allant parfois jusqu'à y poser mon front, et nous nous écoutions, en silence. J'avais l'impression – ce n'était peut-être qu'une illusion – de lui transmettre un peu de ma force. Le toucher a une grande importance dans l'accompagnement. Il peut être effleurement, caresse ; on peut poser un gant frais sur un visage, passer une brosse ou un peigne dans une chevelure, déposer un baiser pour prendre congé. Il peut aussi, brutalement, révéler la présence de plus en plus insoutenable de la douleur. Un jour que je prenais la main de Jean, comme d'habitude, il me la retira. Il souffrait trop. Je me reprochais d'avoir privilégié mon désir de l'aider, sans avoir mesuré l'importance de son propre désir. C'était *sa* fin de vie qu'il vivait, et je me devais de le laisser avancer seul sans chercher à lui imposer ce que je croyais bon pour lui.

Une semaine plus tard, Catherine m'annonça que Jean avait demandé qu'on l'aide à mourir. Sa famille, après d'interminables discussions, accéda à ce dernier désir. Le médecin en avait beaucoup parlé avec Jean et accepta sa demande. Je vécus difficilement les deux jours qui suivirent. Accepter d'interrompre les souffrances de cet homme, en hâtant une fin que nous savions de toute façon inéluctable, ne m'apparut pas d'emblée une issue envisageable. Je pris conscience de ce désir inconscient que je nourrissais encore de le voir guérir. Une disparition certaine est si difficile à admettre, à intégrer ! Tout cela me rappelait les questions des enfants qui sont confrontés à la mort pour la première fois, et leur difficulté à concevoir le néant. Le « plus jamais » est tellement lourd à porter... Il fait voler tout espoir en éclat et nous confronte à l'angoisse de notre propre mort.

Les plus belles images que je conservais de Jean, les récits de sa vie, ses sourires, la chaleur de son accueil, me revenaient en mémoire. De même, ce petit geste de la main lorsque je me retournais vers lui, près de la porte, au moment de partir. Je savais qu'une fois seul, il allait fermer les yeux et se réfugier en son for intérieur, avec son histoire qu'il aurait voulue autre. C'était un homme d'une grande finesse. Il avait perçu, je n'en doutais plus, ces zones de souffrance qui continuaient à flotter en moi. Il m'avait portée, lui aussi, par moment. Mais de manière si subtile, si délicate, que je ne l'ai compris que plus tard. Je dus refréner mon refus de sa mort, me heurtant à la décision qu'il avait prise de l'accepter sous cette forme, souffrant de la rupture qu'il nous infligeait à tous. On devient égoïste lorsqu'on souffre ; pis, on ne s'en rend pas compte.

Quelques jours plus tard, Catherine, au nom de sa famille, me demanda si je souhaitais assister aux derniers moments de Jean. La réalité m'apparut encore plus douloureuse. Je lui répondis que je voulais réfléchir. Je finis par comprendre que je redoutais avant tout la souffrance qu'allait m'infliger la mort de Jean. J'acceptai alors de l'accompagner dans son ultime désir.

Nous nous réunîmes un matin, vers 10 heures, autour de son lit. Jean était serein, sa famille aussi. J'ai toujours admiré cette maîtrise que confère l'amour au plus profond de la tragédie. Jean vivait ses derniers moments. Sa femme, ses enfants et leurs conjoints l'entouraient, solides et unis. Le médecin entra. Une grande force émanait de toute sa personne. Il échangea avec Jean un long regard. Ces deux hommes s'étaient engagés dans un pacte qu'ils entendaient respecter en s'épaulant mutuellement. Nul ne dit mot. J'avais la gorge serrée. Le médecin se pencha sur Jean. Il demeurait silencieux. Au bout d'un long moment, Jean murmura :

– Oui.

Je me refusai à voir agir le médecin. Je ne regardai que Jean. Toutes les mains s'étaient saisies d'instinct, formant une chaîne autour du lit. Jean nous fixa à tour de rôle, le visage éclairé d'un sourire serein, presque heureux. Juste avant de fermer les yeux, il leva la main, comme il le faisait chaque fois que quelqu'un quittait sa chambre, pour dire « au revoir ». Nous pleurions tous autour de cet homme que nous accompagnions pour son dernier voyage et qui, avec une tendresse infinie, sans faille, soutenait lui-même les siens jusqu'au bout. Adieu, Jean !

L'accompagnement de fin de vie impose une succession de deuils parfois difficiles et souvent éprouvants. Vivre la mort d'un être est une rupture douloureuse. Il m'arrive, lorsque ces moments sont trop pénibles, de prendre le recul nécessaire en aidant des familles ou des personnes qui accompagnent un proche en fin de vie. Je me tiens en retrait, tâchant de soutenir ces amis ou ces stagiaires dans leur relation avec le mourant. Cela me permet de me « consolider » et de prendre quelque distance avec la souffrance.

Je suis frappée, notamment lors de la mort d'un enfant, de l'importance que prend la religion dans le deuil des familles. Toute foi est porteuse d'espérance, et notamment de vie éternelle, promesse de retrouvailles. Lorsque la perte est trop atroce, la religion apaise. Pour ma part, je n'appartiens à aucune Église, mais je suis en quête permanente. J'observe, j'écoute, et me réjouis lorsqu'un homme ou une femme, autour de moi, a trouvé une voie dans laquelle il ou elle s'épanouit et dont se nourrissent son cœur et son esprit. Je ne crois pas en un dieu tel qu'il est si souvent présenté. Je crois encore moins que Dieu a créé l'homme. Je pense plutôt que Dieu naît dans l'esprit humain. Il est en chacun de nous, parcelle de vie et d'amour que nous savons ou non vivifier et répandre autour de nous. Il me paraît en être de même du démon.

J'ai vécu avec de nombreuses personnes en fin de vie des échanges très intenses. Certaines étaient athées, d'autres croyantes, quelle que fût leur religion. Dans tous les cas, rien n'est plus pathétique que la vérité qui s'énonce, le cheminement, souvent fort, qui élève la pensée en même temps que l'esprit. Pourquoi ne prierais-je pas avec un croyant qui me le demande si, dans cette communion de pensée, nos esprits puisent la force qui nous est nécessaire ? De quel droit porterais-je atteinte à l'intégrité morale d'une personne en souffrance, en tentant de la détourner de son chemin pour lui en indiquer un autre que je jugerais meilleur ? L'accompagnement est une histoire d'amour. Aimer consiste à accepter l'autre totalement, dans sa singularité, même s'il paraît à l'opposé de nous-même. Seul m'apparaît insupportable le fanatisme, parce qu'il est destructeur et qu'il exclut, par la coercition et la tyrannie, toute manifestation d'amour. L'amour doit, au cours de cet ultime cheminement, occuper tout l'horizon. Il apaise l'angoisse, fortifie la relation, permet l'expression de soi. La personne en fin de vie y puise le courage de répondre elle-même aux questions qu'elle se pose.

Armelle B.

Armelle avait trente-cinq ans lorsque je la rencontrai pour la première fois. C'était une jeune femme blonde aux yeux bleus, jolie, rieuse, portée naturellement vers les autres. Elle vivait seule, avec sa mère, Antonine. Sa famille possédait une petite fortune qu'Armelle gérait avec sagesse. Catholique pratiquante, elle mêlait aux dogmes de l'Église d'autres croyances qu'elle puisait dans un mysticisme dont elle seule détenait les clés. Son entourage lui reconnaissait une sorte de prescience. On la consultait pour des conflits, des espoirs, les fragilités de l'adolescence. Un solide bon sens et une intelligence aiguë donnaient le change. Une sorte de magie se dégageait de cette disponibilité, cette tendresse constante pour les autres.

A force de la voir réconforter, apaiser, raisonner, panser les blessures de l'âme, tout le monde avait fini par la croire invulnérable. C'est à peu près à cette époque qu'un médecin lui annonça qu'elle souffrait d'un cancer de l'utérus. Elle prit la nouvelle comme un défi, une épreuve envoyée par l'au-delà pour la fortifier. Ne suffit-il pas de se battre, même contre la maladie, pour gagner ? Elle suivit un traitement dont, par amour, elle ne souffla mot à sa mère. Seule Marie, une amie, fut mise dans le secret, ainsi que quelques rares intimes en qui elle avait toute confiance.

Marie faisait des rêves prémonitoires. Lorsque le blanc dominait ses nuits, une mort s'annonçait. Un jour que nous parlions d'Armelle, elle me confia avoir vu en songe un drap immaculé largement déployé au-dessus de sa maison. Je lui demandai aussitôt si, à l'époque de ce rêve, elle était au courant de la maladie d'Armelle. Elle me répondit par la négative. Longtemps, Armelle, qui reconnaissait ce don à Marie et y attachait une grande importance, s'enquit du contenu de ses songes. Bien sûr, Marie garda pour elle l'histoire du drap.

Quelques années passèrent. Armelle continuait à vivre, fidèle à elle-même, aussi lumineuse qu'auparavant. Rien dans sa conduite, ni dans sa personnalité ne laissait deviner le combat intérieur qu'elle menait. De sa souffrance, personne ne surprit jamais aucun signe. Ses intimes, admiratifs, ne s'étonnaient qu'à moitié de ce tour de force. Sa mère n'en savait toujours rien.

Trois ans plus tard, Armelle apprit brusquement que des métastases avaient atteint son côlon. A cette nouvelle, elle déclara au médecin qu'elle n'en mourrait pas, car elle avait fait un rêve. Elle rencontrait une vieille femme décédée qu'elle avait bien connue. Cette dernière lui ordonnait de retourner d'où elle venait, en lui disant que son heure n'avait pas encore sonné. A ses amies de la première heure, Armelle raconta sa rechute et le songe qu'elle avait eu, tout en persistant à affirmer avec conviction qu'elle allait combattre et vaincre. Elle avait tant de personnalité qu'aucune de nous ne perçut l'angoisse que contenait son rêve. Je crois que l'être humain connaît suffisamment son corps pour repérer ses souffrances ou les maladies qui s'y préparent. Armelle, inconsciemment, se savait gravement atteinte. Son rêve traduisait sa peur de la mort, en même temps que son désir de survivre, désir qui se manifestait par l'ordre de la vieille femme : « Retourne d'où tu viens, le moment n'est pas venu. »

Armelle continua à vivre comme elle l'avait toujours fait, chaleureuse, attentive, ouverte aux problèmes de chacun. Puis, brusquement, elle déclina et fut hospitalisée. Chaque fois qu'elle revenait chez elle, elle s'affirmait guérie, mais ses séjours à l'hôpital se firent de plus en plus fréquents. Nous aurions pu évoquer avec elle sa maladie et ses conséquences prochaines. Son comportement nous l'interdisait. Pas une fois, elle n'évoqua la gravité de son état. Elle avait cessé d'interroger Marie sur le contenu de ses songes. Lorsque nous allions la voir, elle parlait de tout, sauf d'elle-même, et nous la regardions, impuissantes, vivre seule son départ.

Le moment vint où elle s'exprima de moins en moins. Ses amies, désespérées, se mirent à parler de plus en plus autour de son lit. Elle se contentait de répondre par oui ou par non. Jamais elle n'évoqua ce cheminement pénible et solitaire qu'elle avait entrepris et qu'elle assumait dans une solitude bouleversante. Un jour, Marie me rapporta de quelle manière elle avait tenté d'ouvrir le dialogue. Leurs regards s'étaient accrochés, leurs mains s'étaient liées dans une pression à la fois tendre et désespérée. Penchée sur cette silhouette qu'elle voyait littéralement se dissoudre devant elle, Marie y avait mis tout son amour. Sans un mot, Armelle avait détourné la tête.

– Elle était déjà loin de nous, me dit Marie.

Un peu plus tard, elle me confia :

– Elle n'était plus là. Son corps vivait encore, mais son esprit, lui, était parti.

– Pourquoi, demandai-je alors, a-t-elle choisi cette façon de mourir, elle qui était si ouverte aux autres, toujours en veine d'échange, de partage ?

– Pour épargner sa mère, me répondit Marie sans hésitation. Si elle s'était confiée sur sa mort prochaine, cela aurait fini par s'ébruiter. Sa mère n'aurait pas supporté de l'apprendre.

Le traitement contre la douleur dont Armelle a bénéficié durant sa fin de vie lui a permis de ne pas souffrir. Elle s'est endormie sous les yeux d'Antonine qui, à aucun moment, n'a entendu *dire* que sa fille se mourait. Peut-être s'en est-elle doutée, mais cette réalité n'ayant jamais été formulée, elle s'en est inconsciemment servie pour fuir la réalité. Armelle, qui avait puisé en elle l'incroyable courage de mourir seule, n'a pas eu celui d'être franche sur sa disparition. Il y a tout lieu de croire qu'elle avait exigé et obtenu la même discrétion du personnel soignant. Le deuil des survivants débute dès l'agonie du mourant. C'est le moment des adieux. La rupture se consomme et permet la survie de ceux qui restent. Depuis quelques années, le deuil d'Antonine a toutes les apparences d'une autre agonie : celle d'une mère qui a vécu la mort de son enfant non comme accompagnatrice, mais comme spectatrice, impuissante devant ce drame qui se déroulait sous ses yeux et auquel personne ne l'a associée. Aucune parole n'a été prononcée, les pleurs ne se sont pas mêlés, la souffrance n'a pas été partagée. Le silence d'Armelle n'a permis aucun de ces échanges, douloureux, certes, mais tellement nécessaires, qui lient deux êtres jusqu'à l'ultime moment. Se réservant la certitude de sa mort prochaine, Armelle n'a-t-elle pas cherché à s'épargner elle-même ? La souffrance des survivants est insupportable pour la personne en fin de vie. Cependant, cette souffrance s'apaise plus aisément si elle est nommée que lorsqu'elle reste intériorisée.

J'ai le souvenir d'un homme qui se mourait d'un cancer des poumons à l'hôpital de N. Agé d'une quarantaine d'années, il était père de trois enfants. Quelques jours avant sa mort, dans le but d'épargner les siens, il continuait à évoquer leurs prochaines vacances, six mois plus tard. Sa femme, que le personnel soignant tentait vainement d'alerter, refusait de croire à sa fin prochaine. Elle répétait :

– Pourquoi voulez-vous qu'il meure ? Il n'arrête pas de faire des projets !

La rupture est d'autant plus déchirante lorsque des êtres, touchés aussi durement, refusent de l'accepter. C'est une des raisons pour lesquelles le rôle de l'accompagnant est primordial. Moins impliqué affectivement, il peut soutenir et attirer l'attention de la famille en souffrance sur un fait, une attitude révélatrice, une démarche à entreprendre qui lui aurait totalement échappé.

Alfredo S.

Alfredo atteignait la cinquantaine lorsqu'il apprit qu'il souffrait d'un cancer des poumons. Il en informa son épouse, Éliane, ainsi que Jacques, leur fils aîné, qui terminait ses études de médecine. Au début, on cacha la vérité à Jeanne, la cadette, âgée de dix ans. Sa mère et son frère la lui révélèrent peu à peu, mais, inexplicablement, décidèrent de ne plus l'emmener avec eux à l'hôpital où Alfredo était soigné.

Les parents d'Alfredo étaient originaires de Lisbonne. Ils étaient arrivés en France quelque cinquante ans plus tôt. Le portugais était sa langue maternelle ; il l'utilisait encore, me dit son épouse, dans ses moments d'intense émotion ou de colère. C'est elle qui me demanda de rencontrer son mari.

Elle travaillait et désirait qu'il bénéficie d'un soutien pendant son absence. Jacques n'était pas étranger à cette démarche. Sa mère et lui souhaitaient qu'Alfredo fût entouré durant ses derniers jours. Le médecin du service ainsi que le personnel soignant avaient donné leur accord.

Alfredo me reçut cordialement. C'était un homme simple, direct, qui ne s'embarrassait pas de fioritures. Il ne s'opposait pas à ce que je passe un peu de temps en sa compagnie. Si cela me faisait plaisir, je pouvais même venir le voir chaque jour. Il reconnaissait implicitement que ma présence près de lui répondait plus au désir de sa femme qu'au sien. Néanmoins, je découvris très vite que, sous un air bourru, en apparence détaché, il cachait une profonde détresse. Du moment où je le vis pour la première fois jusqu'à sa mort, il ne se résigna jamais à cette maladie qui le condamnait. Il la vivait comme une injustice profonde ; il y avait erreur sur la personne. Il aurait bien défié du poing le Ciel et l'Enfer pour cette maldonne.

Cette colère, ce profond ressentiment, ne furent jamais formulés clairement. Lors de mes premières visites, il m'interrogea beaucoup sur moi-même : avais-je eu des problèmes pour venir en voiture à l'hôpital ? Avais-je passé une bonne journée ? Quel plaisir trouvais-je dans ces visites que je lui rendais ? Il m'apostrophait d'un ton rauque, sèchement, brièvement. Peu à peu, il en vint à des questions plus personnelles : mon mari, mes enfants, moi-même.

Il s'exprimait avec une saine franchise, manifestant plus qu'un intérêt de pure forme. Je lui répondais toujours – parfois de façon laconique car j'avais remarqué qu'il avait tendance à occulter sa maladie et sa mort prochaine. Il inversait les rôles, agissant comme si j'avais été à sa place, et m'offrait ses conseils et son aide. Sans aucun doute, ce mode d'intégration de son histoire le soulageait. Je ne me reconnaissais pas le droit de ne pas l'accompagner comme il le souhaitait. D'ordinaire, je m'en allais avant que sa femme ou son fils n'arrive.

Ma présence, durant le premier mois, remplit le rôle qu'avait souhaité Éliane, son épouse. Elle semblait satisfaite. Pourtant, un jour, je la trouvai en larmes dans le petit parloir réservé aux familles. Une infirmière et une aide-soignante l'entouraient. Elle nous confia que, depuis quelques jours, les visites à son mari s'étaient transformées en séances d'insultes. Il avait retrouvé sa langue maternelle pour lui dire les pires choses. Jamais, tout au long de leur vie commune, il ne l'avait traitée ainsi. Elle ne comprenait pas ce qui se passait, se sentait lésée, injustement accablée par cet homme qu'elle essayait de soutenir de son mieux.

Tout au long de l'accompagnement des malades en phase terminale se sachant condamnés, Elisabeth Kübler-Ross a pu identifier cinq stades. Le premier stade est le *déni* ; le mourant refuse d'admettre qu'il va mourir et croit que les médecins se sont trompés dans leur diagnostic. Le deuxième stade est la *colère*, le *ressentiment* ; le malade se révolte contre sa condamnation, qu'il ne peut supporter. Il semble qu'Alfredo, quand il injuriait son épouse, en était à ce stade. Ses propos n'étaient pas véritablement destinés à sa femme, ce que nous nous empressâmes de faire comprendre à celle-ci. Le troisième stade est le *marchandage* ; le mourant tente, selon sa foi ou son attachement à certaines idées, de négocier sa vie, ses souffrances, tout ce qui lui reste au monde. Le quatrième stade est la *dépression* ; le mourant se rend compte qu'il est inutile d'espérer et commence à se résigner à sa fin prochaine. Le cinquième stade est l'*acceptation,* qui intervient à la toute fin, comme si le mourant, arrivé épuisé au bout de l'ultime épreuve, admettait l'inéluctable. Ces stades ne se succèdent pas toujours dans cet ordre. Ils dépendent de la personnalité de chacun, de la faculté d'appréhender l'événement, et peuvent durer plus ou moins longtemps.

Je subis à mon tour la révolte d'Alfredo. Il se demandait pourquoi je perdais mon temps avec lui, affirmait que je le dérangeais et qu'il préférait sa solitude à des gens qui, de toute façon, ne pouvaient rien pour lui. Je lui répondais qu'il avait sans doute des raisons d'être en colère et que, s'il le souhaitait vraiment, je pouvais m'en aller. Pas une fois, il ne me demanda de partir. Un soir que je quittais sa chambre, je croisai son épouse dans le corridor. L'infirmière, qui semblait guetter son arrivée, la salua et lui fit remarquer que l'on ne voyait plus leur fillette. Elles se dirigèrent ensuite vers la chambre d'Alfredo et le bruit de leur pas couvrit la réponse d'Éliane, que je ne pus entendre. Je gagnai la sortie en m'interrogeant sur cet enfant que je ne connaissais pas.

Le lendemain, j'attendis Éliane pour lui en parler. Elle me répondit sèchement que sa fille préparait son entrée en sixième et passait ses soirées à travailler. J'insistai, soulignant l'importance de la présence de la fillette auprès de son père, pour elle autant que pour lui. Elle eut un haut-le-corps :

– Vous ne trouvez pas qu'il souffre suffisamment comme ça ?

– Il ne souffrira pas davantage, lui répondis-je, bien au contraire, il sera heureux de voir sa fille. Ne l'a-t-il jamais réclamée ?

Elle reconnut :

– Si, et même souvent. Mais nous lui avons expliqué, avec Jacques, que cela risquait de la perturber. Il le comprend très bien.

J'insistai doucement, me rappelant ma propre histoire, quelque quarante ans plus tôt.

– Jeanne risque de ne pas s'en remettre si vous la privez de ces derniers instants avec son père. Sa souffrance est bien là, qu'elle soit loin de lui ou à son côté. Elle la supportera mieux si elle le voit, croyez-moi.

Éliane haussa les épaules. Un éclair d'hostilité passa dans son regard. Elle souffrait pour son mari, pour sa fille, et me tenait rigueur du nouveau déchirement que cet échange lui imposait. Je pensais à Jeanne, mise à l'écart, qui apprendrait un jour la mort de son père sans l'avoir revu. Je pensais aussi à Alfredo et à ses colères. N'étaient-elles pas lourdes d'une part de la frustration, de la douleur qu'il ressentait à ne plus voir son enfant ?

Dès le surlendemain, Jeanne put revenir à l'hôpital. Nous vîmes Alfredo changer, bien que sa santé déclinât. Il avait avec sa fille de longues discussions sur sa maladie, son départ prochain. D'une voix basse, hachée, il l'engageait à rester forte, à grandir et à se forger une destinée. Il lui promettait de la suivre de là-haut, de ne jamais la quitter. Au début, je cherchais à m'éclipser pour les laisser en tête-à-tête. Alfredo refusait, d'un geste de la main, sans même me regarder. Et je le voyais exhorter la fillette, lui insuffler le peu de forces qui lui restait. Dans les premiers temps, elle pleura beaucoup, puis elle s'apaisa. Tous deux grandissaient dans un face à face d'amour et de tendresse qui les isolait, ensemble, du reste du monde. Alfredo accomplissait ses derniers pas, tenant la main de la fillette dans la sienne et, tout en cheminant, lui racontait la vie et la mort. Pour elle, il avait retrouvé sa foi, il la lui transmettait comme un legs destiné à la fortifier. Elle pouvait venir seule à l'hôpital. Il lui demandait si elle avait été prudente et, lorsqu'elle repartait, il l'incitait à plus de prudence encore.

La souffrance d'Alfredo devint presque palpable. Il parlait de moins en moins. Durant ses derniers jours, Jeanne ne vint plus qu'accompagnée de sa mère et de son frère. Elle avait repris sa place entre eux et la tenait, se montrant aussi solide qu'eux-mêmes. Elle fit quelques courtes apparitions durant l'agonie de son père, qui dura quatre jours. Le respirateur avec son bruit obsédant, le masque sur le visage d'Alfredo, la choquaient. Elle l'appela à voix basse, plusieurs fois ; il ne répondit pas. Les fortes doses de morphine qui permettaient d'atténuer sa souffrance le rendaient en même temps inaccessible.

Il mourut durant la nuit qui suivit le quatrième jour de son agonie, sa femme et son fils à son chevet. Quelques semaines après son décès, son fils annonça qu'il renonçait à la médecine. A quoi bon, puisque la science n'avait pas réussi à sauver son père ? Ce fut Jeanne qui le ramena à la raison, elle qu'ils avaient crue trop faible pour admettre et supporter la disparition du père.

Jeanne continue aujourd'hui à grandir, comme Alfredo le souhaitait. Jacques, quant à lui, s'est spécialisé en cancérologie.

Sœur Marie-Ange

Sœur Marie-Ange était l'aînée d'une famille nombreuse. Je n'ai jamais su si elle était entrée en religion par vocation ou pour faire plaisir à ses parents.

Elle avait été une jeune fille rieuse, aux cheveux châtains et aux yeux gris-vert. Elle aimait alors coiffer ses petites sœurs et leur faire de jolies boucles. A vingt et un an, elle rejoignit la communauté des sœurs de B., à N. Elle travailla tout d'abord aux cuisines, puis à l'accueil. Sa sœur Sylvaine, que j'accueillis comme stagiaire lors d'une formation à l'accompagnement de fin de vie, se rappelait qu'elle avait un appétit d'oiseau. Toute sa vie, elle ne mangea que le peu dont elle voulait bien, en particulier le gras de la viande – que par ailleurs on servait rarement dans les couvents de l'époque. Ceux qui l'avaient bien connue gardaient le souvenir d'une femme secrète, au caractère affirmé, sachant toutefois se montrer apaisante lorsque la situation l'imposait, et très respectueuse d'autrui. C'est l'image qu'elle continua à donner lorsque l'hépatite qui devait l'emporter se déclara.

Elle avait soixante-dix ans. Elle accepta cette maladie comme une épreuve du Ciel, la supporta avec vaillance et n'en parla jamais beaucoup. Pour les chrétiens, la souffrance est rédemptrice. Pour sœur Marie-Ange, elle était un don de Dieu. Son silence était une offrande qu'elle lui faisait en retour.

Durant ses vacances, il lui arrivait de se rendre dans sa famille. Un jour qu'elle saignait abondamment du nez, elle s'aperçut qu'il ne lui restait plus de comprimés du médicament destiné en pareil cas à la préserver d'une fin tragique. La directrice de la maison de retraite où travaillait Sylvaine accepta de lui en procurer, ce qui sauva sœur Marie-Ange de la mort. Durant cet épisode pénible, malgré son épuisement, elle s'était employée à rassurer son entourage. Elle fut finalement hospitalisée au CHS-Nord de N. où sa famille et les religieuses de sa congrégation s'organisèrent afin de la veiller tour à tour. Leurs prières la soutenaient, dégageant autour d'elle une dynamique mystique à laquelle, malgré sa souffrance, elle adhérait de toute son âme. Elle puisait dans un heureux événement d'autres forces pour survivre encore quelque temps : le mariage de son neveu, prévu pour le samedi suivant l'Ascension. Elle comptait bien y assister et, pour ne pas déranger sa famille, avait organisé sa sortie de l'hôpital avec l'aide de l'une de ses sœurs en religion. Le gilet qu'elle porterait ce jour-là pour ne pas prendre froid occupait toutes ses pensées. Elle l'avait choisi bleu, de la couleur de la Vierge ; elle le décrivait à chacun de ses visiteurs.

La veille de l'Ascension, Sylvaine lui rendit visite. Le professeur de médecine qui suivait sœur Marie-Ange et pour qui elle manifestait une véritable vénération se tenait près de son lit. Elle souffrait énormément sous son masque à oxygène, se plaignant beaucoup. Elle offrait le poignant spectacle d'un corps exsangue, relié à une multitude de tuyaux. Le docteur salua Sylvaine tout en hochant la tête en signe d'impuissance. Il annonça, en quittant la chambre :

– Je vais vous envoyer quelqu'un.

Quelques minutes plus tard, une infirmière venait administrer à Marie-Ange une dose supplémentaire de morphine. Sylvaine, bouleversée, avait assisté à la scène. Elle se pencha vers sa sœur :

– Tu te souviens que c'est demain l'Ascension ? lui demanda-t-elle.

Et, comme sœur Marie-Ange acquiesçait d'un léger signe des paupières, elle ajouta avec une grande douceur :

– Il y a longtemps que tu l'as entreprise, ton ascension, toi !

A la fin de sa visite, Sylvaine s'immobilisa sur le seuil avant de quitter la chambre, pour jeter un dernier regard à sa sœur. Marie-Ange reposait, dans un état d'épuisement extrême, les yeux fermés. Au bruit de la porte, nous la vîmes trouver la force de tourner la tête vers Sylvaine pour lui adresser un sourire lumineux. Complicité entre une aînée qui vivait ses derniers instants et l'annonçait en secret à sa cadette, ou tendre adieu dérobé à la communauté qui veillait autour du lit ? Le lendemain, alors que les religieuses et Sylvaine entouraient sœur Marie-Ange, elles virent soudain son front blanchir puis son visage tout entier se teinter d'un hâle très pur. Sœur Marie-Ange venait d'accomplir l'ultime étape de sa douloureuse ascension.

Jean-Paul R.

– Il est mort comme il a vécu, me dit Michèle, une amie de longue date, en évoquant la disparition récente de son beau-frère, Jean-Paul.

Si, selon Elisabeth Kübler-Ross, la mort est la dernière étape de la croissance, s'inscrit-elle toujours dans la logique de la vie que l'on a menée ? Le malade en phase terminale continue à écrire son histoire ; il en est l'artisan et le restera jusqu'à l'ultime instant. Mais quand il se referme sur lui-même et s'en tient au non-dit, que de souffrance pour lui et ceux qui l'entourent ! Cette attitude peut rendre encore plus éprouvante sa fin de vie.

Jean-Paul fut de ces êtres qui refusent d'affronter la certitude de leur mort prochaine. Le lent et laborieux travail de reconstruction intérieure qui mène à l'acceptation et à la délivrance lui semblait interdit. Pour tenter de comprendre son histoire, il faut en reprendre le fil depuis l'origine. Abandonné par sa mère, Jean-Paul fut élevé, avec son frère Sylvain, par leur grand-mère, une femme sévère mais très aimante. L'angoisse d'abandon chez cet enfant fragilisé fut si forte qu'elle allait le poursuivre tout au long de sa vie d'adulte. Il fut, comme tant d'autres, condamné à répéter le traumatisme insurmontable qu'il avait vécu. Son mariage fut un échec. Sa femme demanda et obtint le divorce dans une atmosphère de drame et de souffrance qui les éloigna à jamais l'un de l'autre.

Dans son rôle de père, Jean-Paul ne fut guère mieux récompensé. Une rupture définitive s'engagea très tôt avec son fils ; quant à sa fille, elle revint à son côté peu avant sa mort. La fin venue, Jean-Paul ne pouvait vraiment compter que sur son frère, le seul homme qu'il eût vraiment chéri, et sa belle-sœur, Michèle, qu'il n'avait jamais beaucoup fréquentée. Lorsque la maladie se déclara, les médecins hésitèrent entre un cancer de la lymphe et la maladie d'Hodgkins. Cette dernière affection étant guérissable, Jean-Paul s'en tint à ce diagnostic, qui se révéla par la suite erroné, mais qui lui permit d'espérer jusqu'au bout échapper à la mort.

Jean-Paul allait mourir d'un cancer de la lymphe. D'abord, il maigrit et perdit ses cheveux. Puis commencèrent les allers et retours entre l'hôpital de R. et une maison de convalescence située au bord de la mer, qu'il aimait beaucoup. La dernière fois qu'il quitta le centre hospitalier pour y retourner, il s'exclama, dans l'ambulance :

– Enfin ! Ils vont me retaper, là-bas !

Sa propension à occulter la mort désolait Michèle, qui était convaincue au plus profond d'elle-même que Jean-Paul trouverait quelque apaisement à aborder franchement l'idée de sa fin prochaine. Mais il s'enfermait dans un mutisme obstiné. Il refusa de revoir sa femme. De plus, son fils ne lui rendit pas une seule fois visite. Sa seule passion demeurait la mer, qu'il pouvait voir de son lit, lorsque Michèle le redressait sur ses oreillers. Quand son champ de vision était trop étroit, elle décrivait longuement pour lui ce qu'il ne pouvait apercevoir. Sylvain lui apportait de bonnes bouteilles auxquelles Jean-Paul goûtait durant ses repas ; tous trois tiraient un peu de bonheur de ces courts moments d'euphorie.

Jean-Paul ne souffrait pas. Les traitements antidouleur étaient efficaces. Michèle fut cependant choquée des lavements qu'on lui infligeait et qu'elle trouvait humiliants. Connaissant sa fierté, elle lui demanda un jour s'il n'en était pas gêné. Il lui répondit que non. Qu'aurait-il pu dire d'autre ? Quelle exigence de dignité, quelle pudeur manifester, lorsqu'il ne vous reste qu'un corps dévoré par la maladie, quand on se sent entièrement entre les mains d'une médecine qui ne pense qu'efficacité et résultat ?

Le dernier jour, Sylvain apporta une bouteille de champagne à l'hôpital. Il espérait que ce que nos anciens appelaient le « lait de la vieillesse » ou même le « baume automnal » aiderait son frère dans ses ultimes moments, qu'il avait de lui-même voulus plutôt solitaires. Passer de l'autre côté dans une douce euphorie était la meilleure chose qu'il pût encore lui arriver, pensait Sylvain. Et Jean-Paul s'en alla la nuit suivante...

Avec Michèle, nous avons longuement évoqué cette histoire. Jean-Paul a subi sa fin de vie, soit parce que l'angoisse l'avait envahi tout entier, soit parce qu'aucune espérance, quelle qu'elle fût, ne l'animait plus. Il y a une injustice à mourir tôt lorsqu'on a souffert toute sa vie. Et, lorsqu'on a trop souffert, il y a une autre injustice à ne pas avoir appris à aimer, ni à être aimé. Comment dire sa peine, alors ? Comment évoquer ses regrets, ses espoirs ? Comment voir venir sa fin avec sérénité ? Comment déposer, entre les mains de l'autre, ces paroles nécessaires qui viennent à l'esprit, paroles de tendresse, de désespoir ou de révolte ? La mort de cet homme à qui la vie avait si peu donné et qui, à aucun moment, n'a semblé penser qu'il pouvait recevoir, fut conforme à sa trajectoire existentielle. Michèle, par sa présence attentive et constante, et Sylvain, grâce aux douceurs qu'il lui apportait, ont accompagné Jean-Paul de la façon qu'il souhaitait. Cela seul comptait, après tout.

Jean L.

J'ai connu Jean-Michel L. lors d'une préparation au concours d'entrée à l'École d'aides-soignants que nous menions dans la région nantaise. J'y animais la session « accompagnement de fin de vie ». J'appris bientôt que le père de Jean-Michel, Jean L., était en train de mourir d'un cancer des os et que son fils l'accompagnait dans son dernier parcours. Nous en discutions souvent. A travers cet événement tragique, j'ai vécu, par personne interposée, une très belle histoire d'amour.

Jean L. était un autodidacte. Après la quarantaine, il avait effectué une reconversion professionnelle comme agent technico-commercial en matériel électrique. Malheureusement, l'âge et des conditions de travail difficiles lui causèrent quatre infarctus. Une fois, il fut déclaré cliniquement mort, mais il revint heureusement à la vie, enrichi d'une expérience de « mort imminente[1] ». Cet athée de la première heure affirma dès lors :

– Si c'est cela la mort, je n'en ai plus peur du tout !

---

1. Ou N.D.E. *(Near Death Experience)*, et en français : E.M.I. (Expérience de mort imminente). A ce sujet, voir page 195.

Jean continua à vivre sans se ménager. Toujours en mouvement, toujours prêt à entreprendre, à construire, à se dépenser sans compter pour lui et pour les autres. On lui annonça une sciatique. Cela ne surprenait pas chez un homme d'une telle énergie. Ce diagnostic ne tint pas ; des analyses plus poussées révélèrent un cancer des os, à un stade avancé. Jean-Michel, accompagné de sa mère, apprit la nouvelle de la bouche du médecin, assez abruptement. Celui-ci posa ensuite la question de savoir qui la transmettrait à Jean. Jean-Michel répondit que cela relevait plus du rôle du médecin que de celui du fils. La femme de Jean, profondément choquée, n'osa jamais prononcer le mot « cancer ».

Jean fut hospitalisé en rhumatologie au C.H.R. de Nantes, où il effectua plusieurs séjours sur une année. Les séances de chimiothérapie avaient lieu au centre Gauducheau, mais Jean pouvait revenir tour à tour soit chez lui, soit au service de rhumatologie où on le connaissait, où on l'entourait, et où il retrouvait, en même temps que sa chambre, ses habitudes.

Ses périodes d'hospitalisation se rapprochèrent. Il s'usait à lutter contre la maladie. A certains moments, il était la proie de violentes colères et insultait alors sa femme, qui était chaque jour à son chevet. Peu de temps après, il savait faire preuve d'un humour d'une finesse extraordinaire, voire d'une certaine ironie. Entre le père et le fils s'instaurait alors un dialogue dont eux seuls saisissaient le sens et dont les autres visiteurs, occupés à discuter autour du lit, faisaient les frais. D'autres fois encore, il retrouvait son rôle de père détenteur du savoir, attaché à tout bien faire. Lorsque Jean-Michel lui présentait l'urinal, Jean lui expliquait chaque fois comment reverser les urines dans le grand bocal, près du lit :

– Tu sais bien, ajoutait-il avec une application non dénuée d'ironie, qu'ici, ils mesurent tout.

Jean-Michel n'a pas su de quelle manière ses parents avaient abordé la mort de Jean dans leur relation de couple. Il sait simplement qu'un jour, ils évoquèrent l'idée de se suicider, tous les deux, pour partir ensemble. Le grand regret de Jean-Michel, en face de ce père qui se mourait, était de ne savoir lui dire : « Je t'aime. » Cette idée l'oppressait, il en souffrait, redoutant le moment où il serait trop tard pour cet aveu qui lui tenait tant à cœur. L'occasion lui en fut offerte par son père lui-même qui, en proie à des douleurs trop pénibles, voulut lui faire promettre de l'aider à mourir lorsqu'il le lui demanderait.

Durant ce poignant face à face du père et du fils qui se dévoilaient pour la première fois, Jean-Michel put s'exprimer et prononcer ces mots d'enfant qui couraient toujours en lui :

– Je t'aime, papa, aussi je ne peux pas accéder à ton désir.

J'ai plusieurs fois surpris l'enfant caché dans ce fils au seuil de la quarantaine qui accompagnait son père avec tant de délicatesse, de courage et d'amour.

– Le plus fort entre nous, me dit-il un jour, fut la relation tactile.

C'est le mot qu'il employa, alors que les accompagnants évoquent eux-mêmes toujours l'importance du toucher. Il enchaîna immédiatement :

– C'est comme lorsque j'étais enfant et qu'il me tenait par la main.

Jusqu'à la fin, le père et le fils eurent de longues et intenses discussions.

– Cela lui était difficile, à cause du masque à oxygène qu'il devait retirer de sa bouche. Et il avait tant de difficultés à prononcer les mots... C'est dans nos regards que tout passait. Que de choses nous nous sommes dites, rien qu'en nous regardant !

La dernière nuit, les deux hommes discutèrent jusque très tard. Jean-Michel rafraîchissait le visage de son père à l'aide d'un aérosol, ce visage qu'il avait connu si vif, si expressif et dont les traits se figeaient, son teint devenant cireux. Jean-Michel avait demandé un lit que l'infirmière vint déplier à côté de celui Jean. Peu après 3 heures du matin, Jean dit à son fils :

– Va dormir, maintenant.

Il aurait aussi bien pu dire :

– Dors, mon enfant, dors, mon courageux petit bonhomme. Je pars et je préfère que tu ne me regardes pas m'éloigner. Tu sais, c'est ainsi que s'en vont ceux qui aiment. Je ne serai plus là lorsque tu te réveilleras, mais je continuerai à veiller sur toi. Dors, mon petit bonhomme, juste un peu, le temps que je te quitte...

Jean-Michel se coucha. Une petite lampe brillait dans la chambre. Ce fut le bruit de l'appareil à oxygène, dont le rythme s'était modifié, qui réveilla Jean-Michel. Il comprit tout de suite que son père n'était plus. Il demeura une bonne dizaine de minutes seul avec lui, le touchant comme pour se convaincre qu'il était encore là. Puis il appela. L'infirmière et une jeune aide-soignante accoururent. La jeune fille, qui affrontait la mort pour la première fois, avait de la peine à se ressaisir ; elle proposa à Jean-Michel d'aller ensemble boire un jus d'orange. Il accepta. Hors de la chambre, il alluma une cigarette. Lorsqu'ils revinrent, la toilette mortuaire avait été faite. Jean reposait sur son lit. Ses effets étaient rangés dans un coin, ceux de Jean-Michel dans l'autre. Plus rien n'était de ce qui avait existé quelques minutes auparavant. La vie, déjà, reprenait ses droits, en refermant l'histoire d'un homme qui avait vécu, espéré, ri, aimé, souffert durant soixante-huit longues années.

Le plus dur pour Jean-Michel fut de reconnaître le corps à la morgue, le lendemain. Nulle humanité dans ce tiroir que l'on tire, dans ce corps que l'on a tant aimé et que l'on doit déclarer identifié. Cruauté de la loi des hommes où il ne reste aucune place pour l'amour – cet amour qui guida une nouvelle fois Jean-Michel. Il décida de faire ramener son père à la maison, dans cet endroit où il avait tant travaillé et où il avait si peu eu le temps d'être heureux. Il le garda là quatre jours, exposé aux parents, aux amis, avec, à ses pieds, une petite bougie et un bouquet de fleurs.

– Chaque fois que je passais près de lui, me dit-il, je le touchais, je lui parlais.

Jean-Michel soutint sa mère, cette femme de devoir et de tendresse qui avait un moment pensé à suivre son mari dans la mort. Puis, lui qui avait servi de père à son père, de père à sa mère, dut se souvenir de l'enfant qui n'avait cessé de vivre en lui. L'enfant se réveilla, au moment où il s'y attendait le moins. Et l'enfant, pour crier sa désespérance, bouscula l'homme qui avait eu le courage de tenir la main de son père jusqu'au bord de la tombe. Ses amis entourèrent Jean-Michel avec beaucoup de tendresse. D'une telle expérience, on ne peut sortir que grandi, enrichi par la souffrance. Jean-Michel, qui est encore fragile après quinze mois de deuil, s'en sortira. Il a tout fait pour cela.

J'ai soumis ce récit à Jean-Michel avant de l'intégrer à mon ouvrage. Je ne voulais trahir ni sa pensée ni son histoire. Il me l'a retourné accompagné d'une lettre que j'ai longtemps hésité à reproduire. Je m'y résous finalement, pour le message qu'elle contient à l'intention de tous ceux qui côtoient ou côtoieront un jour des personnes en train de perdre ou qui ont perdu un être aimé.

Chère Marie,

J'ai lu et relu avec une extrême attention la transcription de mon témoignage.

L'émotion que j'ai ressentie à la première lecture a été très forte. Les souvenirs, les images sont apparus non comme un lointain souvenir, mais comme une expérience de la vie « inoubliable » et tellement proche : la mort ne l'a pas tué ! L'amour peut le faire revivre à chaque instant, aux moments les plus inattendus. Lorsqu'il me « visite », dans mes rêves, c'est toujours pour me guider, me conseiller...

Je n'ai rien à ajouter à vos mots. J'ai retrouvé toutes les émotions, tous les silences, tous les regards qui ont accompagné mon père dans cet ultime combat. Il m'a quitté discrètement, simplement, à l'image de ce que fut sa vie.

Je tiens à vous remercier de l'aide que vous m'avez apportée durant cette période. Sans les cours, sans nos discussions, sans votre écoute, peut-être serais-je rongé par le remords de n'avoir pas été présent cette nuit-là.

Cordialement.

Ces lignes soulignent toute l'importance de la relation d'aide, non seulement auprès des personnes en fin de vie, mais aussi de leurs proches. Il n'est pas vain de prétendre qu'elle est à la portée de tout le monde. En effet, chaque fois que Jean-Michel m'a abordée pour me parler de la mort prochaine de son père, je me suis attachée à être disponible, attentive et la plus chaleureuse possible.

N'importe lequel d'entre nous peut utiliser ces ressources dont nous sommes si riches sans que, malheureusement, nous en ayons toujours conscience. Ces qualités indispensables à l'accompagnement de tous les mourants ou des personnes en proie à la terrible expérience d'un deuil existent en chacun de nous. Dans les sociétés aux traditions anciennes, elles n'ont jamais cessé d'être mises en œuvre.

Notre culture moderne a tellement modifié notre approche de la mort que nous avons fini par occulter ces capacités pour les remplacer par le mépris de nos anciennes coutumes, ou encore l'indifférence, source principale de nos angoisses. Il suffirait de les réapprendre, avec un peu de courage et beaucoup de simplicité. Combien de fois ai-je entendu des hommes et des femmes se plaindre de l'individualisme croissant ? C'est toujours l'autre qui est accusé de se retrancher dans le silence et la froideur, alors qu'aller vers lui le ramènerait forcément vers soi. Chaque fois que je me mets à l'écoute d'une famille en train de perdre un être aimé, j'entends dire le regret de l'intense solitude dans laquelle l'abandonnent l'entourage, les amis, les connaissances. Mais souvent, ceux-ci me confient, désolés :

– J'irais bien le (ou la) voir, mais je ne sais pas quoi lui dire. Je me sens tellement impuissant devant tant de souffrance. Comment l'aider, comment le (ou la) soulager ?

Comment ? En restant le plus naturel, le plus simple et le plus aimant possible. Mieux vaut dire :

« Je voudrais vous aider, mais je ne sais comment m'y prendre », plutôt que de changer de trottoir lorsqu'une personne que nous savons en souffrance apparaît au bout de la rue. Ce genre de démission ne lui échappe pas ; elle le ressent comme un nouvel abandon, et sa souffrance s'en accroît. Bien souvent, il suffit d'écouter, de laisser s'écouler les pleurs, de permettre à la douleur de s'exprimer – et à l'amour, aussi, en retrouvant ces gestes de tendresse et de sollicitude que nous avons oubliés. La plupart du temps, il suffit d'être là, tout simplement, sans redouter d'entendre la personne ressasser son drame : c'est l'attitude qu'engendrent la plupart des expériences douloureuses. Il est inutile, comme beaucoup sont tentés de le faire, de dire : « Cessez de parler de ça, vous vous faites du mal. » Les conseils, en de telles circonstances, ne sont pas de mise. L'écoute se doit d'être amicale, tolérante, bienveillante. Elle doit permettre à la personne en souffrance de trouver elle-même ses points de repères pour accepter et intégrer le deuil qui s'annonce, utile à sa « re-naissance », moment où, sa douleur estompée, elle entreprendra de reconstruire sa vie.

A PROPOS DES EXPÉRIENCES DE « MORT IMMINENTE » OU « N.D.E. »

Depuis une cinquantaine d'années, le phénomène des N.D.E. ou E.M.I. (voir note page 187) est étudié aux États-Unis par des chercheurs, des médecins, des psychiatres et des psychologues qui, *a priori,* n'ont aucune raison de croire ces patients qui leur racontent l'extraordinaire aventure de mort imminente qu'ils ont vécue. Van Eersel dans *La Source noire* et Robert Moody dans *La Vie après la vie* ont relaté de nombreux témoignages auxquels Elisabeth Kübler-Ross elle-même a apporté son expérience et sa crédibilité. En France, l'ethnologue Évelyne-Sarah Mercier a présenté dans son livre *La Mort transfigurée*[2] quelques sérieuses hypothèses émises par d'éminents scientifiques, des psychologues, des psychanalystes, des prêtres...

Durant mes années de formation et d'enseignement, j'ai entendu maints conférenciers et stagiaires rapporter des cas de N.D.E. dans les mêmes termes, corroborant ainsi ce que j'avais lu sur le sujet. C'est généralement au cours d'une opération ou lorsqu'elle est en réanimation que la personne, soudain, croit quitter son corps, le regarde de l'endroit où elle se trouve – souvent avec beaucoup de mépris pour cette enveloppe charnelle qui fut si longtemps la sienne – et déclare se sentir aspirée, comme dans un tunnel, vers une lumière aveuglante et d'une extraordinaire beauté. Un peu plus loin, des gens d'une infinie bienveillance l'accueillent, lui demandant si elle souhaite se joindre à eux ou retourner auprès des siens. De ce voyage hors du temps, la plupart conservent une impression de paix et d'amour ineffable qui change totalement

2. L'Age du Verseau, 1992.

leur perception de la vie et efface définitivement en eux toute peur de la mort ; beaucoup attendent ensuite celle-ci avec une sérénité, un bonheur même qu'ils n'ont jamais connu. Ils la vivent comme la promesse d'un paradis.

D'autres ont dû supporter des N.D.E. beaucoup plus éprouvantes. Leurs visions sont angoissantes, infernales. D'autres encore ne se souviennent de rien ; ils ont définitivement occulté la journée durant laquelle s'est produit le drame qui a mis leur vie en jeu. J'ai pu discuter avec des personnes que l'on avait déclarées cliniquement mortes, et qui n'avaient pas le moindre souvenir de cette expérience, ni même des heures qui l'avaient précédée.

Toutes les N.D.E. ne sont pas vécues aux frontières de la mort. L'une de mes amies, Dominique G., m'a raconté avoir vécu une sortie du corps lors d'une sieste. Sa description n'était guère différente : tunnel, lumière merveilleuse, personnages bienveillants qui lui demandaient si elle souhaitait demeurer parmi eux.

– Non, leur répondit-elle en pensant à ses deux fillettes, j'ai encore à faire.

Jamais Dominique n'avait lu quoi que ce fût sur ces questions ; elle ne pouvait avoir été influencée, même inconsciemment. Lorsqu'elle m'a raconté cet épisode, elle m'a précisé qu'elle avait eu, dans son sommeil, l'impression très nette qu'elle était en train de mourir.

La première hypothèse avancée par les scientifiques est un état atypique du sommeil, c'est-à-dire un état de sommeil profond avec activités de type onirique et retour à l'état d'éveil sans que le sujet puisse forcément distinguer les deux étapes. De ce fait, il conserve de son état de rêve des images aussi réalistes que si elles avaient été perçues en toute lucidité. Ils ajoutent, du reste, que le phénomène est très bien connu des mystiques, et depuis longtemps ; eux-mêmes recherchent cet état mental en se privant de sommeil.

Le deuxième axe de recherche envisage l'action de médiateurs chimiques, telle la kétamine, puisque les N.D.E. surviennent la plupart du temps en salle de réanimation ou au cours d'opérations, sur des sujets qui ont fait l'objet de traitements médicamenteux utilisés en anesthésie et susceptibles de provoquer des effets secondaires mal connus, mais dont on peut suspecter la similitude avec ce qui est décrit[3].

D'autres pensent qu'il s'agit de manifestations dues à un état de conscience modifiée. D'après les récits généralement rapportés, les adultes, à l'issue d'un séjour dans une région sereine et illuminée, sont renvoyés dans leur monde par une injonction supposée divine, et les enfants par leurs parents ou leur enseignant. Dans les deux cas, cela ressemble étrangement à une manifestation du surmoi, ce qui conduit les scientifiques à considérer l'inconscient comme le principal acteur du scénario. D'après Jung, c'est dans des cas extrêmes que l'inconscient

---

3. « Aux portes de la mort : ce qu'ils ont vu », in *Science et Vie*, n° 962, décembre 1997.

doit avoir recours à des procédés violents et donc durables pour faire valoir ses contenus.

Je n'ai, jusqu'à ce jour, adhéré à aucune de ces hypothèses. Une psychanalyse freudienne a forgé mon esprit au rationalisme. Une question, cependant, me trouble : pourquoi toutes les personnes qui ont vécu une N.D.E. font-elles le même récit ? S'il s'agit d'hallucinations ou d'états extatiques d'origines diverses, pourquoi toutes ces visions sont-elles si profondément ressemblantes ? Cela ne m'empêche pas d'observer et d'écouter avec intérêt les personnes qui évoquent une N.D.E., de les envier même, tant leur visage, alors, se transfigure. Pour elles, la mort n'est plus l'inconnue qui terrifie. Elle devient un passage glorieux qu'elles franchiront dans une totale sérénité, voire avec beaucoup de joie et d'impatience.

Un temps, j'ai pensé, comme de nombreuses personnes quand ont été publiés les premiers témoignages sur les N.D.E., qu'il pouvait s'agir d'une réminiscence très forte de la naissance : le passage par le tunnel, la lumière de la salle de travail, l'apaisement enfin au milieu d'une équipe bienveillante, alors que l'on sait, aujourd'hui, à quel point la venue au monde est éprouvante pour l'enfant.

Je ne connais pas une religion qui ne fasse état d'une vie après la mort. Dans l'Occident chrétien, ces cinquante dernières années ont vu la défection des fidèles en nombre croissant. Leurs descendants gèrent leur vie sans croire en aucun dieu. Il me semble que, si l'on peut refuser un dogme, remettre en cause une école, ne pas adhérer à certaines philosophies, on échappe moins aisément au sacré. On peut s'en éloigner, mais on y revient, sous quelque forme que ce soit, ne serait-ce que dans le questionnement sur le sens de la vie et, bien sûr, de la mort. Celle-ci demeure universellement *le* grand point d'interrogation, auquel personne n'a jamais apporté de réponse, et dont l'expérience ne se transmet pas, ce qui nous angoisse tant.

Jean-Pierre Bayard, dans un ouvrage sur les rites mortuaires[4], évoque la mort en Afrique noire : « Selon la pensée africaine, chaque être possède plusieurs âmes qui doivent mourir tour à tour pour que la mort soit complète, sans qu'il y ait indestructibilité de l'être. Le trépas prend ici toute sa valeur de nouvelle naissance et donne lieu au culte des ancêtres. Cette fin – qui n'est jamais considérée comme naturelle, mais due à l'effet d'un maléfice – doit être évoquée avec apaisement ; il faut éviter la rancune, la vengeance, car tout le groupe est responsable de ce décès. Cette mort apparaît ainsi irréelle, *de ce fait, elle n'existe pas,* mais *elle assure l'accès à la classe des inégalables ancêtres.* Il n'y a pas de séparation destructrice. »

« De ce fait, elle n'existe pas. » Voilà énoncée, de façon claire et sans ambiguïté possible, la plus vieille espérance de l'homme. Toutes les civilisations y ont apporté leur concours. Les rites égyp-

4. *Le Sens caché des rites mortuaires*, Éditions Dangles, février 1993.

tiens, en particulier, se sont attachés à cette croyance d'une vie après la vie. L'importance accordée à Râ, le dieu Soleil, qui meurt chaque soir pour renaître chaque matin, en est une preuve indéniable. Les Égyptiens étaient enterrés à l'ouest, au royaume des morts, là où le soleil disparaît le soir. Ce rite symbolise l'intense espoir d'un nouveau cycle de vie. Isis n'est-elle pas fécondée par Osiris mort ? Leur fils Horus puisera donc sa vie dans la mort, annonçant l'éternel recommencement de toute chose. Les pharaons, momifiés pour l'éternité, ont échappé à la destruction de leur corps, donc à leur disparition totale. Ils sont, dans l'histoire de l'humanité, les défunts que l'on visite le plus, quelques milliers d'années après leur mort. Ne peut-on voir, dans ce culte que l'on continue à leur rendre et dans les recherches spirituelles et ésotériques qui s'y rattachent, une forme de conquête de l'immortalité ? N'est-ce pas vers ce même but que tend notre monde moderne, en se penchant avec autant d'intérêt sur les expériences de mort imminente ? La question reste posée. Il appartient à chacun d'y apporter sa réponse.

Il me semble que, pour chaque être humain, l'essentiel consiste à trouver et à suivre la voie qui lui permettra d'atteindre un degré de spiritualité en harmonie avec lui-même et avec l'univers tout entier.

4

L'importance du deuil et des rites funéraires

Est-il assez grand deuil pour que vous reveniez
La mémoire s'effeuille au vent des derniers froids
Comme un épouvantail avec les bras en croix
L'oubli courbe sa paille aux doigts bruns des vanniers
L'oubli courbe sa paille

Les mois passent L'émoi passe et le cœur déraille
Mais le printemps pour moi murmurera toujours
Les mots d'un autre Mai parmi les mots d'amour
Je n'oublierai jamais pour ses fleurs la muraille
Je n'oublierai jamais
Les morts du mois de Mai

Louis Aragon, « Les plaintes »

Le deuil des familles débute au moment de l'agonie. Si le mourant a été entouré et accompagné dans la perspective de sa mort prochaine, il a pu mettre ses affaires en ordre et prendre ses dispositions testamentaires. Il convient de ne pas voir dans ces formalités des préoccupations trop matérialistes, mais le désir tout à fait légitime de conduire et de clore sa fin de vie en dictant ses dernières volontés. Celles-ci seront, comme un acte d'amour, respectées par les survivants.

Pour les familles, il s'agit de s'intégrer au processus en train de s'élaborer, d'être reconnues une dernière fois et de commencer le travail de deuil. Travail difficile, épuisant, où vont se mêler la douleur de la perte, la révolte contre un destin qui impose une telle épreuve, l'angoisse qu'engendre la culpabilité de n'avoir pas toujours su aimer celui qui est mort comme il le fallait, et même de l'avoir détesté, voire parfois haï. Suit une période de dépression souvent liée à des troubles psychosomatiques. La résignation ne vient que plus tard, avant le réinvestissement dans une nouvelle vie. Ces différentes phases n'ont pas de durée précise. Elles peuvent être plus ou moins longues. Elles doivent être vécues, pleurées, criées même. Elles doivent s'exprimer, se vivre dans toute leur complexité. Conseiller à une personne en deuil de sécher ses larmes, de ne pas toujours ressasser sa peine, d'être courageux ou raisonnable « car tout finit par s'apaiser », est une erreur. En ce domaine, rien ne passe qui n'est pas vécu dans toute son intensité. La souffrance existe, de toute façon. Ne pas l'afficher ou la refouler, sous quelque prétexte que ce soit, revient à la porter jusqu'à la fin de ses jours, obsédante et destructrice.

Le chagrin demande à être reconnu, partagé par l'entourage. Je suis toujours désolée de constater que notre monde moderne a presque abandonné tout rite, toute tradition issue de l'expérience de nos ascendants. On ignore qu'ils ont été capables de souffrir et d'élaborer des règles de vie destinées à rendre plus supportables ces épreuves qu'ils ont endurées bien avant nous. Il suffit de se rappeler les visites mortuaires, les veillées autour du corps, les enterrements auxquels toute la communauté assistait, leur déroulement lent, solennel, la prise de deuil, les messes anniversaires... Rites délaissés, oubliés, mais qui aidaient les survivants dans leur désespoir, jusqu'au moment où ils se sentaient suffisamment solides pour reprendre leur place dans une société qui, à aucun moment, ne les avait abandonnés.

J'ai dernièrement entendu raconter qu'une jeune femme qui venait de perdre un être cher vivait si durement son isolement qu'elle finit par s'écrier :

– Je me promènerais bien dans la rue en brandissant une pancarte sur laquelle j'aurais marqué : « Regardez-moi donc un peu, un tout petit peu. Je suis en deuil et je souffre ! »

Nos anciennes coutumes remplissaient ce rôle : les femmes s'habillaient de noir, les hommes portaient un crêpe au revers de leur veste.

Il faut reconnaître qu'aborder une personne en deuil n'est pas toujours une démarche facile. On se sent gauche devant une douleur que l'on se sait impuissant à soulager. Pourtant, se manifester suffit. Puis écouter. Se laisser aller à des gestes amicaux. Ne pas prendre au pied de la lettre une remarque agressive qui ne nous est pas destinée. Montrer que l'on est présent, disponible, et que la vie, malgré tout, continue.

Les deuils les plus durs et contre lesquels nous nous sentons les plus démunis sont les deuils d'enfants ou d'adolescents – combien de fois, hélas ! d'adolescents qui se sont suicidés. Pourtant, l'expérience m'a appris que le désarroi et la crainte que nous ressentons sont la plupart du temps subjectifs. J'ai bien souvent été étonnée, les premiers moments de cris et de larmes passés, d'entendre des parents évoquer leur petit disparu avec une certaine sérénité. Certains, même, ont tiré de cette tragique expérience une dynamique qui anime leur nouvelle vie. La plupart de ceux-là sont très croyants et puisent dans la promesse d'une vie éternelle le courage de survivre. D'autres, malheureusement, ne feront jamais leur deuil de la perte d'un enfant. Je les évoquerai tout à l'heure. C'est l'idée que nous avons de la souffrance qui, bien souvent, nous paralyse au moment d'aborder des parents plongés dans le désespoir. Il s'agit, en réalité, de sentiments que nous ressentirions si nous étions à leur place. Mais, justement, nous ne sommes pas à leur place ! Et eux sont en attente d'un geste, d'un sourire, d'une épaule, d'une oreille compatissante.

Pour soulager le deuil d'une famille, il convient d'abord de gérer nos propres émotions ; ce n'est pas en incitant à refouler la souffrance que nous pouvons l'aider. Il est important que celle-ci se vive, même si cela nous paraît de la plus grande cruauté.

Elisabeth Kübler-Ross rapporte de quelle manière de jeunes parents ont débuté le deuil de la perte d'un enfant âgé d'un an. Ils se sont enfermés plusieurs heures avec le petit corps puis l'ont couché dans son cercueil. Ils l'ont porté eux-mêmes au cimetière et l'ont descendu dans sa tombe, qu'ils ont recouverte de terre avec les amis qui les accompagnaient. Scènes d'une dureté extrême, mais, à travers ces rites qu'ils instauraient eux-mêmes, le deuil commençait à s'accomplir. Un deuil qui nécessitait de se faire rapidement car la mère, enceinte au moment de cette perte, souhaitait ne pas remplacer son enfant disparu par celui qui allait naître, comme cela se fait souvent sans que l'on en ait conscience.

En s'exprimant, en se vivant à travers les gestes les plus simples, la souffrance trouve à s'écouler, donc à s'apaiser. Je la compare souvent à un fleuve tumultueux dont on briserait l'élan par un barrage constitué de convenances, de conventions sociales, de conseils, d'interdits, d'appels à la raison. La violence des flots se trouve endiguée, apparemment maîtrisée, mais elle cherche d'autres voies pour se libérer. La dépression, la maladie, le suicide, un mal-être permanent, sont les conséquences de cette énergie jugulée et qui n'a pas pu se manifester. Longtemps, croyant agir avec humanité et persuadés qu'ils soulageaient les familles en deuil, les employés des Pompes funèbres leur ont conseillé :

– Ne vous occupez de rien, nous sommes là pour ça.

Et les familles affligées, passives, assistaient à une cérémonie que d'autres avaient conçue pour elles.

Aujourd'hui, on change d'attitude. Il y a tout lieu d'espérer que les survivants seront, dorénavant, plus impliqués dans ce dernier adieu à l'être aimé.

Il semble que les rites anciens n'ont plus leur place dans notre monde moderne. Nous avons pu revoir, dernièrement, à l'occasion du centenaire du «J'accuse» d'Émile Zola, l'imposant catafalque dans lequel l'écrivain fut conduit au cimetière, quelques années plus tard. On se rappelle également le rituel grandiose de l'enterrement de Victor Hugo, qui avait pourtant exprimé le désir d'être conduit jusqu'à la tombe dans le corbillard des pauvres. Même les cérémonies funèbres des humbles avaient jadis une solennité aujourd'hui inconnue.

Dans *Le Corbeau*, Henri-Georges Clouzot a mis en scène un enterrement semblable à ceux que les gens de ma génération ont connus durant leur enfance. Un corbillard de taille imposante s'avance dans la rue. Il est tiré par deux chevaux noirs couverts d'un caparaçon également noir. La veuve suit, dissimulée sous ses longs voiles. Puis viennent les enfants, les hommes et les femmes, dans un long cortège qui s'étire à travers la ville. Ceux qui n'assistent pas à la cérémonie sont massés en foule compacte au bord des trottoirs. Ils se signent au passage du défunt. La scène occupe tout l'espace, le temps s'étire dans une dimension irréelle, propice au recueillement et à la douleur. Le rite s'accomplit, lent et solennel. On imagine mal de telles scènes aujourd'hui. Quel choc si, dans une de nos rues, la circulation s'immobilisait pour laisser passer un semblable convoi ! Je ne serais pas surprise que beaucoup crient à l'indécence dans leur difficulté à affronter la simple idée de la mort. De telles cérémonies ne sont encore admises que pour les « grands de ce monde ». Elles servent de substitut aux nôtres, que nous menons en cachette, comme si elles étaient honteuses. Pire, la plupart des familles en deuil se culpabilisent à l'idée de déranger, de troubler le bonheur et la quiétude d'autrui.

Réinventer d'autres rites, plus modernes, changera-t-il quelque chose si nous ne redonnons pas à la mort toute la place qui lui revient dans nos vies ? Accepter la mort, c'est accepter de s'arrêter pendant que passe un convoi, c'est ne pas détourner la tête, c'est consacrer quelques minutes de recueillement à celui qui s'en va, et de compassion à ceux qui restent. C'est aussi repartir en paix, heureux d'avoir un instant participé à ce rite mortuaire.

Lors de l'enterrement de la princesse de Galles, en septembre 1997, des milliers d'Anglais ont suivi la cérémonie. Une de mes amies s'est exclamée :

– Ce que les gens sont morbides !

Intellectualiser le rite, le dédaigner, revient à fuir l'idée de la mort, voire à la nier. Les rites sont des actes conjuratoires, des liens mystérieux tissés entre le profane et le sacré, la terre et le cosmos. Il importe qu'ils conservent la richesse, la puissance, ce sens profond, que l'homme leur a reconnus dans toutes les civilisations.

L'annonce de la mort prochaine d'un être aimé provoque un traumatisme qui se manifeste de diverses façons. Certains deuils semblent être dans l'ordre des choses : par exemple, la perte d'un père ou d'une mère très âgés. La souffrance est toujours bien réelle, certes, mais on a eu le temps de l'apprivoiser. On sait que chaque jour qui passe rapproche le vieillard de sa mort. Il s'y prépare, voit ceux de sa génération disparaître tour à tour. Il annonce, comme une chose naturelle, que cela sera bientôt le sien. Toute perte est un drame, mais plus le mourant est âgé, plus le deuil est – dans la plupart des cas – aisé à faire.

Il n'en va pas de même lorsque c'est une personne âgée qui perd l'un de ses enfants ou petits-enfants. Elle ressent comme une terrible injustice de voir disparaître un être plus jeune qu'elle, alors qu'il eût été naturel qu'elle meure avant lui, et cela ajoute encore à sa souffrance. Il convient, dans ce cas, d'attacher une grande importance à la douleur qu'elle peut ressentir et dont les manifestations, en raison de son grand âge, peuvent nous échapper. Il faut également l'intégrer aux cérémonies du deuil : veillée, messe d'enterrement, inhumation. Il m'est arrivé d'entendre des stagiaires me dire :

– Ma grand-mère qui vient de perdre son fils est bien trop âgée pour aller au cimetière.

Une seule chose à répondre :

– Si vous avez peur qu'elle prenne froid, enveloppez-la dans une couverture. Et si vous craignez qu'elle se fatigue, louez un fauteuil roulant. Mais surtout, permettez-lui d'assister aux cérémonies, à l'église et au cimetière.

Rien n'est pire que de priver les survivants, sous prétexte qu'ils sont vieux et ne le supporteraient pas, de ces rites auxquels ils sont attachés. Ils les aident au contraire à s'intégrer au groupe de deuil qui va se constituer autour du disparu. Les rites de mort, ne l'oublions pas, ont été élaborés pour la paix des vivants.

Plus la personne qui disparaît est jeune, qu'elle soit enfant, père ou mère, plus le traumatisme lié à sa disparition est difficile à surmonter. L'annonce d'une mort brutale, soit par suicide, soit accidentelle, est d'une violence extrême. Elle ne donne pas la moindre possibilité de se préparer à l'inéluctable et d'affronter dans le temps la douleur de la perte. C'est tout de suite qu'il faut tailler dans le vif, tenter d'accepter l'inacceptable, supporter l'intolérable.

Apprendre la nouvelle d'une maladie fatale à plus ou moins brève échéance est tout aussi traumatisant, encore que la souffrance puisse parfois le céder à l'espoir insensé d'un miracle. Avant la mort interviennent des moments de répit pendant lesquels la douleur se fait plus supportable.

Le fait d'écrire le présent ouvrage m'a obligée à me pencher comme je ne l'avais jamais fait auparavant sur l'expérience de la mort de ma mère. Sous ma plume ont resurgi des sensations, des images, des souvenirs que j'avais soigneusement refoulés et qui l'étaient demeurés malgré le travail analytique que j'avais entrepris. Il m'arrive de sentir ma pensée se dérober lorsqu'elle aborde un sujet douloureux. Les mots, lorsqu'ils sont écrits, s'imposent à l'esprit. Il nous suffit de les relire pour en saisir toute la réalité, même quand celle-ci est empreinte d'affects pénibles.

Le choc fut si violent lorsque mon père, dans la voiture qui nous menait vers l'hôpital de Montfermeil, prononça le mot « cancer », qu'à aucun moment, non plus que durant les mois qui suivirent, je ne ressentis le besoin de dénier la nouvelle qu'il m'avait assenée. Le coup s'était abattu sur moi comme la herse d'un château fort. Les lourdes pointes acérées s'étaient enfoncées dans ma nuque et taillaient leur chemin dans tout mon corps, sans que j'en eusse, à ce moment, la moindre conscience. C'est le propre des chocs trop rudes. Grâce à la herse, je me tenais debout dans une rigidité dont nul ne s'étonnait chez une adolescente subissant un deuil aussi douloureux. Cette attitude me permettait aussi de ne pas m'effondrer lorsque je m'approchais de ma mère et de maîtriser l'apparente sérénité qui présidait à nos trop brèves rencontres. L'image de la herse m'est personnelle, mais j'en ai maintes fois observé les effets chez des personnes endeuillées. Les médecins, les psychiatres et les analystes ont chacun leur vocabulaire pour définir les pathologies du deuil.

Celle de la herse qui troue, déchire, écartèle et enflamme y aurait parfaitement sa place.

UN CHEMIN LONG ET SOLITAIRE

Ma mère savait sa mort proche. Le disque de la cantate *Jésus que ma joie demeure* de Bach qu'elle avait offert à mon père à Noël était-il une prière adressée à Dieu pour se révéler plus forte dans l'épreuve, ou un message qu'elle nous léguait le jour de la célébration de la naissance du Christ, retour de la lumière, retour de la vie ?

Elle mourut quelques jours après Pâques, autre fête de « re-naissance », victoire de la vie sur la mort. En ce moment d'intense solitude, cette promesse de joie n'avait désormais plus aucun sens pour nous. Pour notre plus grand malheur, nous ne devions jamais la revoir.

Lorsque la sonnerie du lycée nous rappela, à l'heure de l'étude du soir, mon frère regagna sa salle de classe et moi la mienne. A l'attitude réservée des élèves, nous comprîmes que la nouvelle s'était répandue, mais personne n'osa nous approcher. D'ordinaire, ce dernier moment de la journée était plutôt agité. Ce soir-là, mes camarades m'entourèrent d'un profond silence, chaud et réconfortant. Je le ressens encore. C'est comme s'ils m'avaient dit :

– Nous ne savons comment te manifester notre peine, mais ce soir nous nous tairons pour porter avec toi ton chagrin.

Ni les surveillants ni les professeurs ne nous adressèrent la moindre parole. Je suis sûre que beaucoup y songèrent. C'est dire la difficulté qu'ils éprouvaient à aborder avec nous le drame que nous vivions. Plus tard, après l'enterrement de ma mère, mon professeur de musique m'invita souvent au concert, à Strasbourg. Jamais cependant elle n'évoqua mon deuil, de crainte, sans doute, d'augmenter ma souffrance. Pourtant, on ne blesse pas les endeuillés en évoquant ceux qu'ils ont perdus. Bien au contraire. Ils apprennent à en parler au passé, et cela leur permet de commencer à en faire le deuil.

Le dernier cadeau de ma mère avait été de m'autoriser, à partir de la rentrée de Pâques, à prendre une chambre en ville. Mes six mois en demi-pension chez les religieuses avaient été agités. J'étais protestante, elles étaient catholiques, et la présence d'un mouton noir dans leur blanc troupeau les troublait. J'avais subi des vexations. Pour ma mère malade, j'avais ployé l'échine pendant le premier trimestre ; la sachant mourante, je m'étais brusquement redressée lors du deuxième. Mes parents me trouvèrent finalement une chambre chez l'habitant. Je ne conserve aucun souvenir de la nuit que j'y passai après avoir appris la mort de ma mère.

Nous prîmes mon frère et moi le train pour Metz dès le lendemain. Nous continuions à nous taire. Mon père nous attendait devant la gare. Il trouva la force de sourire pour ne pas nous affoler. Il voulait encore maîtriser une situation qu'il souhaitait, comme à l'hôpital, sans démonstrations excessives. Il redoutait sans doute de nous entendre pleurer et dire notre peine, de crainte de ne pouvoir retenir son propre chagrin. Nous étions, en fait, garants de sa dignité.

De mes parents, j'ai gardé l'image d'un couple très amoureux. Je n'ai surpris que peu de choses du désespoir de mon père, mais édifiantes : sachant sa femme perdue, il avait contacté des communautés protestantes en France et en Suisse dans l'espoir que leurs prières infléchiraient la volonté divine et empêcheraient cette fin annoncée. Il persista à sourire en nous embrassant. Alors que j'évitais depuis plusieurs mois tout ce qui aurait pu me conduire à l'épanchement, je m'effrayai brusquement à la perspective du moment où nous serions obligés d'affronter ensemble la réalité à travers nos paroles. Car il allait falloir qu'il nous la dise, cette vérité, que nous l'entendions, l'horrible, l'insupportable nouvelle ! Et qu'enfin je libère ce chagrin fou qui grondait au fond de moi-même... Mais la herse me tenait.

J'ai levé les yeux vers mon père et, très vite, j'ai annoncé :

– Tu as les condoléances du proviseur.

Voilà qui était fait ! Il savait que nous savions, nous n'avions plus besoin d'en parler. Il a souri encore une fois, sans répondre. Il considérait, j'en suis sûre, que je venais de rendre bravement service à tout le monde. En une toute petite phrase s'était jouée la disparition de l'être qui nous était le plus cher, et pas une fois nous n'avons pu prononcer le mot-clé du drame que nous vivions, le mot « mort ». Pas une fois nous n'avons entendu énoncer de la façon la plus simple qui soit : « Votre mère est morte. » Le drame s'était ouvert sur le mot « cancer », quatre mois plus tôt, et se terminait sur un banal et affligeant « tu as les condoléances du proviseur » qui, introduisant un élément étranger à l'intérieur de notre cercle meurtri, nous permettait une fois de plus de fuir la seule réalité qui importait. Nous pensions nous protéger, nous montrer forts et courageux. J'ignorais que, sur ces mots-esquives, ces mots-tampons, ces mots-détournements que nous maniions avec tant de dextérité, allaient se greffer les maux qui naissent du non-dit, et qui sont les pires. Mon frère gardait toujours le silence. Il avait treize ans, âge critique, passage particulièrement douloureux pour un adolescent qui vient de perdre sa mère et qui ne peut formuler ce qu'il ressent.

Ma grand-mère maternelle nous attendait dans son appartement des Sablons. Elle aussi avait été dûment chapitrée : ni larmes ni cris devant les enfants ! Que ne ferait-on lorsque ces enfants, justement, sont tout ce qu'il vous reste d'une fille unique tant aimée ! Elle ne pleura ni ne cria, mais la tragédie se lisait sur son visage aux yeux trop grands, au teint blême. Nous l'aimions. Je me souviens l'avoir embrassée du bout des lèvres pour qu'aucun contact de nos corps, aucune pression de nos bras, aucun frottement de nos joues ne fasse voler en éclats ce fragile barrage que je reconstruisais en permanence. Elle nous tenait droits, la herse ! Bien droits et stoïques, en apparence. Il n'y avait que cette boule dans nos gorges, énorme, dure, sensation impitoyable. Mais c'était normal. « Cela passerait », croyait-on.

Notre deuxième visite ce jour-là fut pour nos grands-parents paternels. Pour ces luthériens pratiquants, attachés à de durs principes, la disparition de leur bru était un don de Dieu. La souffrance est un signe d'amour divin et nous est envoyée pour nous éprouver. Plus l'épreuve est cruelle, plus le paradis s'annonce au bout du chemin : tel était le fond de leur pensée. Je n'ai d'autre souvenir de cette visite que la présence de ma tante, arrivée de Hollande où elle vivait avec mon oncle, le frère aîné de mon père. Retenu par ses responsabilités professionnelles, il n'avait pu l'accompagner. La seule préoccupation de ma tante, durant les deux heures que nous passâmes chez nos grands-parents, fut de savoir si la couronne mortuaire envoyée de Hollande était bien arrivée en France.

Notre troisième visite fut pour le temple où reposait ma mère. Nous nous y rendîmes, mon père, mon frère et moi. Mes deux sœurs, Dominique et Élisabeth, âgées respectivement de douze et cinq ans, n'étaient pas encore associées au deuil de leur mère, dont elles ignoraient toujours la mort. Elles étaient trop petites, avait décidé mon père en les confiant à des familles amies. Nous ne nous avançâmes pas jusqu'au cercueil devant le chœur, nous immobilisant à mi-chemin de la nef. Je ne pensais à rien, absolument. Du moins le croyais-je. Nous n'avions pas vu le corps de notre mère. Bien plus tard, je devais découvrir combien la visite au défunt, avant la mise en bière, permet d'ancrer le survivant dans la réalité de la mort et dans ses propres chances de survie. Ne pas voir la dépouille mortelle d'un être aimé permet, inconsciemment, de nier sa mort et d'espérer, au-delà de toute raison, qu'il revienne un jour : nouvel écueil sur le chemin du deuil.

J'entendis près de moi un sanglot profond et rauque. Je ne tournai pas la tête. Mon père, mon frère ? Je ne sais pas. Le barrage faillit voler en éclat, mais je l'avais si bien renforcé depuis quelques jours que je finis par me contraindre une fois de plus. La herse poursuivait son œuvre. Nous sortîmes sans avoir dit un mot et repartîmes sans avoir versé de larmes.

Je n'ai pas souvenir de la cérémonie religieuse du lendemain. Je me revois simplement, à la sortie du temple, recevant les condoléances des amis et connaissances qui nous entouraient. Une femme que je connaissais depuis toujours m'embrassa :

– Je viens de perdre ma meilleure amie, sanglotait-elle.

Au cimetière, il faisait doux. Nous avancions en tête, mon frère, mon père, ma grand-mère et moi, à la suite du fourgon mortuaire. Le bruit du moteur ne couvrait pas celui des piétinements et des pleurs derrière nous. Tout le monde se groupa autour de la fosse. De l'autre côté du mur, les peupliers se couvraient de jeunes feuilles. Il soufflait un air de printemps entre les tombes. Les bras du pasteur s'élevèrent.

– *Sss*eigneur tout-pui*sss*ant, re*çç*ois en ton *sss*ein notre *sss*œur Thérè*zzz*e, dit-il de sa voix onctueuse.

En pensée, je me réfugiai dans la salle de français du lycée, familière, réconfortante, où je retrouvai en imagination Racine et la tragédie grecque, qui me rendirent momentanément plus supportable la vision du lourd cercueil disparaissant avec lenteur. La façon que le pasteur avait d'accentuer les *s* me rappelait irrésistiblement la phrase d'Oreste au bord de la folie : « Pour qui sont ces serpents qui sifflent sur nos têtes ? » Elle martelait mon esprit et je m'y accrochais désespérément. La herse me tenait entre ses pointes, je restai pétrifiée au bord de la fosse. On entend parfois dire que les enfants ou les adolescents font preuve d'une dignité extraordinaire, d'un maintien royal lors de l'enterrement de leur père ou de leur mère. Quelle erreur ! Ils sont figés par la douleur, inconscients de ce qui leur arrive, en proie eux aussi à une force qui les oblige à se raidir.

Le bruit de la terre sur le cercueil, maintenant. J'en ai jeté comme les autres, sans penser à rien. Puis le bras de ma vaillante grand-mère – celle qui savait si bien pleurer et s'était maîtrisée pour nous épargner – s'est glissé sous le mien. Durant les vingt années qui lui restaient à vivre, elle devait me répéter :

– Un mari qui meurt part de ton côté, un enfant qui meurt part de toi-même.

C'était fini. Nous prîmes le chemin de la sortie comme on fuit. Nous courions devant l'insupportable sans savoir qu'il allait nous rattraper à chaque tournant de notre vie.

Je n'ai gardé aucun souvenir de ma sœur Dominique à cet enterrement. C'est elle qui m'a rappelé dernièrement qu'elle était présente. Elle était revenue de Paris à Metz en train avec notre petite sœur Élisabeth et ma grand-mère, sans savoir que notre mère était morte.

– Je me doutais de quelque chose, m'a-t-elle raconté. Papa m'avait simplement prévenue que je ne retournerais plus à l'école à Paris, que j'irais en pension avec toi et que je devais récupérer mes affaires. L'institutrice et la directrice ont été particulièrement gentilles avec moi. Dans le train, grand-mère pleurait et se confiait à des inconnus. Je n'ai pas voulu écouter ce qu'elle disait. A Metz, on m'a placée chez les S. J'étais seule avec leurs enfants. Je continuais à croire qu'il s'était passé quelque chose. Alors, j'ai cherché dans le journal et j'ai trouvé l'avis mortuaire de maman. J'ai simplement dit que je l'avais deviné, je n'ai pas pu pleurer sur le moment, ni à l'enterrement. A la réflexion, je suis même sûre qu'ils m'ont collé ce journal entre les pattes parce qu'ils ne savaient pas comment me le dire.

Je doute que ces amis de nos parents aient intentionnellement laissé le *Républicain lorrain* à portée de Dominique. Mais ce qu'elle en pense aujourd'hui encore, alors qu'elle a mûri et est devenue mère, traduit bien la difficulté à réintégrer une réalité objective lorsque la vérité n'a pas été énoncée clairement.

A cinq ans, notre sœur Élisabeth ne savait pas lire, elle ne risquait donc pas d'apprendre par elle-même le drame qu'on lui cachait. Personne n'a jamais pris le temps de lui dire : « Ta maman est morte. » Elle n'est pas allée à l'enterrement. Elle s'est installée dans cette perte sans que celle-ci ait jamais été formulée par des mots.

Il était midi lorsque nous quittâmes le cimetière. On m'annonça que nous allions déjeuner. Il me semble, bien des années plus tard, que c'est la seule émotion violente que j'aie ressentie ce jour-là. Une révolte intense, devant un désir aussi insensé ! Comment songer à manger alors que le monde vient de basculer sous vos pieds ? Comment s'asseoir autour d'une table, au milieu du cliquetis des couverts, des paroles, du bruit indécent du liquide dans les verres ? Tout cela évoquait la fête ! Et comment les regarder vivre, tous ces gens qui nous avaient accompagnés, et qui étaient sans doute loin de ressentir notre terrible chagrin ? Le temps n'était-il pas venu de se couvrir la tête de cendres et de se recroqueviller, loin du monde, dans notre malheur ? Je subis ce repas comme j'avais subi le reste. Aujourd'hui, j'en comprends la signification. Tout continue après la mort d'un être cher. Et ceux qui nous entourent sont là pour nous soutenir et nous montrer qu'il est nécessaire de continuer à exister. Ils sont là pour nous réapprendre le cercle magique de la vie, nous permettre de percevoir et de comprendre la force d'un groupe qui recompose, autour d'une table, la chaîne un instant rompue par la mort. Ils nous aident à croître et à émerger de ce chagrin que l'on pense à la fois unique et éternel. Ils nous invitent à survivre, tout simplement.

Dès le lendemain, nous retournions en pension. A cet instant, nous n'avions pas entamé le moins du monde ce que l'on appelle le processus de deuil. Nous ne l'entamerions jamais. La herse, elle, était là, bien là, et je n'avais pas encore deviné sa présence.

S'il était un endroit que je connaissais mal, c'était bien les cimetières. Enfant, j'y avais certes accompagné ma grand-mère sur la tombe de mon grand-père, mais j'étais trop jeune pour comprendre quoi que ce fût. Je jouais à ramasser les perles tombées des couronnes mortuaires de l'époque, dont les allées étaient jonchées. Après la mort de ma mère, j'ai pu être témoin de certaines scènes sur les tombes environnantes. Des femmes y passaient des heures, lavant la pierre, sarclant la terre, fleurissant les graviers blancs, chuchotant, pleurant, se lamentant, tirant et étirant à l'infini ce temps qu'elles offraient au disparu. A comparer nos arrivées furtives, en rangs serrés, nos pots de fleurs entre les bras, sans abandon aucun, je devinai aisément la désapprobation dont ces manifestations d'amour et de peine faisaient l'objet dans notre famille. Tout était si verrouillé en moi qu'il me fallut de longues années pour comprendre qu'il n'y a rien de ridicule ni d'indécent à afficher son chagrin.

A une amie qui pratique elle aussi l'accompagnement de fin de vie, j'ai raconté comment mon frère et moi avions été enfermés et oubliés dans le silence de la mort de notre mère, quarante ans plus tôt. Elle m'écouta attentivement et me dit :

– Et si tu en parlais avec ton frère, maintenant ?

J'eus un sursaut de recul et me retins de justesse de répondre : « Impossible, ce serait trop de honte. » Réaction que l'on jugera sans doute curieuse, après le parcours humain et professionnel qui a été le mien, mais qui souligne à quel point l'attitude de ma famille, lors de ce premier deuil, fut prégnante : le deuil est une réaction à la perte, or nous avions été amputés de toute réaction. Quant à la honte ! Je ne m'attendais guère à ce dernier mot, mais c'est bien lui qui me vint à l'esprit. Est-il si honteux de dire, de nommer, de pleurer, de se lamenter ? Est-il si honteux d'exposer son chagrin, ses regrets, sa désespérance, alors que leurs manifestations permettent la survie ? Au sein du groupe, tout d'abord, qui, lui aussi, souffre, pleure et compatit ; dans l'apaisement et l'autonomie, ensuite, reconquis à la fin du deuil. C'est ce que les anciens, dans toutes les traditions, avaient compris en élaborant ces rites que nos sociétés occidentales ont malheureusement abandonnés sans les remplacer.

Accepter d'établir une relation d'aide avec quelqu'un implique de ne considérer d'emblée aucune manifestation de souffrance comme ridicule ou inutile et de se convaincre qu'elles sont même nécessaires. « Elle se rend malade », s'exclamait une mère en colère en me désignant sa fille, une enfant de six ans en pleine révolte. « C'est qu'elle a quelque chose à dire et qu'elle n'y parvient pas », lui ai-je répondu. Quelle difficulté nous éprouvons souvent à entendre l'autre, à déceler sa détresse !

J'ai enseigné à des personnes en recherche d'emploi depuis de longs mois. Beaucoup avaient perdu la plupart de leurs repères. Il s'agissait en majorité de femmes, en général dotées d'un solide bon sens et décidées à « s'en sortir ». Certaines avaient un mari ou de grands enfants également au chômage. Elles arrivaient donc blessées par de nombreux deuils : perte de l'image sociale du mari, perte de l'espérance et de l'ambition qu'elles avaient projetées sur leurs enfants, perte de leur propre identité au sein de leur famille, leur quartier, leurs amis. Elles portaient sur elles les manifestations de cette détresse, soit dans leurs habitudes vestimentaires, leur coiffure, soit dans leur façon de se présenter, de parler d'elles. Nous les formions aux métiers de l'aide à la personne (personne âgée, handicapée, jeunes enfants), métiers que l'on exerce à domicile ou en institution, et dans lesquels la plupart d'entre elles allaient révéler de grandes qualités humaines.

Il m'est souvent arrivé, au milieu d'un cours, de surprendre deux stagiaires en proie à un violent fou rire. S'il s'éternisait, je m'interrompais alors :

– J'en vois deux qui rient, là-bas. Nous allons nous arrêter pour qu'elles puissent rire tout leur soûl.

Et comme la stupeur s'inscrivait sur les visages, j'insistais :

– Riez, riez de tout votre cœur ! Allez-y, il n'y a rien de meilleur que le rire !

On sentait alors un puissant souffle de détente s'abattre sur le groupe. Cela ressemblait à un gros soupir, lourd de tant de chagrins, de tant d'inquiétudes, de tant de larmes retenues. Certaines se mettaient à bouger sur leur chaise, d'autres à parler entre elles, de tout et de rien. Celles qui riaient de plus belle finissaient souvent par s'écrouler dans un flot de larmes. D'autres, soudain, les imitaient. Peu à peu, la tension retombait. Dès le lendemain, on sentait qu'un nouveau lien s'était tissé entre elles. Elles s'exprimaient plus librement, confrontaient leurs problèmes, apportaient leur pierre au groupe. Elles redevenaient actives et se mouvaient avec plus d'aisance dans une liberté reconquise.

Au fil de la formation, plusieurs recommençaient à se maquiller, faisant d'évidents efforts de coquetterie. Un désir de plaire, d'exister, les talonnait de nouveau. Elles réapprenaient chaque jour à se conforter dans le regard des autres et revendiquaient une nouvelle place dans la vie. Elles s'aimaient de nouveau. Comme les cours que je dispensais portaient sur le vieillissement, la mort et le deuil, beaucoup finissaient par s'épancher sur une perte proche ou lointaine qui les avait affectées. Elles apprenaient que la douleur demeure à jamais inscrite dans chaque être humain, et que ces rires que j'avais surpris pouvaient en être une manifestation. Ce furent des expériences à la fois simples et enrichissantes dont je garde un très beau souvenir.

La notion d'aide est en général fort justement liée à l'assistance de psychologues, de psychiatres ou de psychanalystes. Cette relation peut aussi s'établir lorsqu'une dynamique chaleureuse et constante se construit sans l'appui de tels spécialistes autour d'une personne qui vient de vivre un deuil. Saluer, sourire, écouter, échanger, accompagner au cimetière ou en promenade, assurer que l'on comprend cette douleur qui se dit et reconnaître humblement que nous n'y pouvons rien mais que nous sommes prêts à écouter, sont autant d'attitudes qui permettent la lente reconstruction du moi. Le silence revêt lui aussi une grande importance dans la relation d'aide. Il permet l'introspection, la prise de conscience. Il ménage des temps de repos nécessaires au chagrin. La psychanalyse est récente, mais la souffrance est aussi vieille que le monde. Pourtant, l'humanité, à travers les différentes formes de cultures, de religions, de sociétés, s'est toujours attachée à la reconnaître, comme si cette reconnaissance était le passage obligé de tout apaisement et de toute guérison.

« UN SEUL ÊTRE VOUS MANQUE... »

Cette sensation de vide infini, de perte éternelle, de chagrin insurmontable, engendre des troubles dont certains finissent par s'atténuer si le travail du deuil s'accomplit normalement. D'autres entraînent des complications plus ou moins sévères. Les maux les plus fréquents liés à la perte d'un être cher sont la mélancolie, la dépression avec son cortège d'angoisses, les insomnies, la boulimie ou l'anorexie, un manque d'intérêt pour toute chose, l'épuisement physique et psychique – ce dernier se manifestant par un ralentissement de l'activité intellectuelle, des pertes de mémoire, l'impression de sombrer dans la folie. A ces troubles s'ajoute la plupart du temps une profonde culpabilité ; la personne en deuil ressasse les conflits qu'elle a eus avec le disparu et regrette la peine qu'elle a pu lui causer, en même temps que tout ce qu'elle n'a pas fait pour lui. Cette attitude finit par lasser l'entourage, qui n'hésite pas à se montrer hostile, voire agressif, ou choisit de s'éloigner, ce qui renforce l'endeuillé dans la perception négative qu'il entretient de lui-même. Le sentiment d'abandon devient intolérable.

Des troubles psychosomatiques accompagnent souvent un deuil. Le corps parle, raconte, crie cette souffrance qui ne trouve pas toujours d'autres moyens pour s'exprimer. Dire à un médecin : « Je souffre de maux de tête ou de maux de dos » paraît plus simple que de reconnaître que l'on a « mal à son deuil ». Je connais un cardiologue qui emploie l'expression « problèmes de cœur » pour ses patients souffrant de tachycardie ou autres troubles sans gravité. Il souligne ainsi avec humour et non sans adresse la différence qui existe entre le cœur-organe et le cœur-affect. Il arrive toutefois que le cœur-organe soit affecté de lésions graves lorsque certains chocs psychologiques se révèlent trop durs.

La souffrance liée au deuil est entêtante, surtout s'il ne se fait pas. Elle ne lâche jamais prise. On l'a cru partie, elle revient et revient encore, inlassablement. Elle use, ronge, obsède. Elle prend toutes les formes possibles et imaginables. Et plus on tente d'y échapper, de la dompter, d'y remédier, plus elle redouble d'énergie pour s'imposer. Elle change de forme : rhume, crise d'asthme, poussée d'arthrite, arthrose, colite, douleur de la vésicule, du foie, rhumatismes, mal d'estomac, palpitations, diabète, tuberculose... Pour décrire ces maux, le patient utilise les mêmes mots que ceux qui définissent une douleur psychique : rejet violent, étouffement, inflammation, brûlure, sensations de rongement, déchirement, écartèlement, émotions démesurées... Et les médecins, consultés, ont souvent cette réponse qui désoriente un peu plus la personne en souffrance :

– Mais vous n'avez rien...

On observe, en général, ces troubles dits psychogènes chez les grands anxieux qui « verbalisent » leur douleur, racontent leurs angoisses. S'ils souffrent et lassent leur entourage de leurs plaintes continuelles, ils ne développent toutefois que rarement de graves maladies.

D'autres deuils peuvent entraîner des pathologies beaucoup plus lourdes, dont certaines mènent à la mort. Elles concernent plus particulièrement les personnes très âgées, les veufs et les veuves notamment, qui se voient brutalement privés de leur compagnon de vie. Cette séparation est vécue comme une amputation ; le survivant résiste mal à la souffrance qu'elle lui inflige. On le voit développer des maladies cardio-vasculaires, un cancer, voire une cirrhose s'il tente de trouver l'apaisement dans l'alcool. La dépression sous sa forme la plus sévère est également à redouter ; très souvent, elle conduit les veufs au suicide.

CES DEUILS QUE L'ON NE VEUT PAS FAIRE

Parmi les personnes accompagnées dans leur réinsertion professionnelle, le centre de formation que je dirigeais accueillait des hommes et des femmes en très grande difficulté : alcoolisme, tentatives de suicide, divorces, hommes au seuil de la quarantaine n'ayant jamais travaillé, immigrés sans qualification et pratiquant mal la langue française... Nous visions tout d'abord à accomplir un travail de resocialisation, période durant laquelle ils devaient reprendre confiance en eux. Dans un second temps, il leur était demandé d'effectuer leurs premières démarches vers le monde du travail. Approche lente, difficile, lointaine encore de toute possibilité d'accès véritable à l'emploi. Je n'intervenais pas personnellement sur ces actions, mais chaque participant, au fil des jours, me devenait familier.

Un matin, j'appris par la presse locale qu'un jeune homme de vingt ans s'était tué à moto. Un peu plus tard, nous constatâmes que Mylène, une des femmes qui participait à l'action de resocialisation, était absente. Le lendemain, nous apprîmes que le jeune motard était son fils. Je lui adressai immédiatement un petit mot l'assurant de notre soutien, la priant de ne pas s'isoler dans ce drame et de revenir dès que possible parmi nous. Elle me répondit qu'elle avait été touchée par notre proposition, cependant nous ne la revîmes pas. Je lui réécrivis à plusieurs reprises, sans réponse. Puis j'appris qu'elle avait trouvé, avec l'aide du travailleur social qui la suivait, un contrat emploi-solidarité en qualité de femme de ménage dans une école maternelle. Mylène était de petite taille, d'apparence fragile. Elle tenait plus de l'adolescente que de la femme mûre. Il nous fut pénible de l'imaginer exerçant ce métier éprouvant dans un cadre qui lui rappellerait sans cesse qu'elle aussi avait eu un enfant.

A l'époque, je recherchais une standardiste à mi-temps. Je proposai le poste à Mylène. Je me souviendrai toujours de la première fois que je la revis après son deuil. La douleur la tassait dans ses vêtements noirs. Elle paraissait plus petite, plus jeune, plus vulnérable encore, impression renforcée par la queue-de-cheval dont elle s'était coiffée. Elle accepta de nous rejoindre. Très vite, elle nous dit qu'elle appréciait le fait de pouvoir se lever chaque matin pour venir travailler et vivre quelques heures au milieu de nous. Je m'en réjouis, mais je découvris au fil des jours qu'elle développait un deuil pathologique. Mylène était en instance de divorce au moment de l'accident, situation qu'elle vivait très difficilement. La vie n'avait pas été tendre pour elle, la souffrance lui était familière. Son mari, soit pour la protéger, soit pour la blesser – nous ne le sûmes jamais –, avait refusé qu'elle voie le corps de leur fils mort, alors qu'il est si difficile d'entamer le travail de deuil, a fortiori d'un enfant dont on n'a pas vu la dépouille. Le fol espoir demeure qu'il soit toujours en vie, perdu quelque part, et que nous le reverrons un jour. D'ailleurs, nous entendions souvent Mylène nous dire :

– Il va revenir, je l'attends.

Il lui arrivait de s'effondrer pour pleurer à longs sanglots qui la secouaient. Nous la serrions alors contre nous, la berçant, lui caressant les cheveux ou le dos, le temps que son chagrin s'apaise. Nous espérions que le temps finirait par apporter quelque adoucissement à cette douleur en face de laquelle nous nous sentions impuissants. L'image que je garde de cette jeune femme est celle d'une personne crucifiée. Elle évoquait souvent son propre corps, véritable plaie vivante, et nous confiait qu'elle souffrait de partout.

Dans son travail, Mylène se montrait ponctuelle, assidue. Elle ne nous opposait jamais son chagrin pour esquiver une tâche. Au contraire, elle revendiquait sa place au sein de notre groupe. Mais nous constations à quel point son esprit était perturbé. Elle inversait les syllabes, oubliait d'une seconde à l'autre le message qu'elle nous apportait. Il lui arrivait de mal entendre ou d'être incapable de répéter ce que l'on venait de lui dire. Elle affichait néanmoins un vif désir de s'assumer. Cela nous fit longtemps croire qu'elle avait toutes les chances de dépasser son traumatisme.

Mylène consultait une psychanalyste une fois par semaine et confiait son corps à une fasciathérapeute qui, touchée par son histoire, la soignait gratuitement. Elle me confia un jour que ces massages très doux qui détendent les muscles douloureux et permettent à l'énergie de circuler de nouveau dans le corps ne la soulageaient que quelques heures seulement. La souffrance reprenait très vite le dessus, d'autant plus qu'elle refusait obstinément les analgésiques et les antidépresseurs que les médecins lui proposaient. Je pris contact avec l'association Jonathan Pierre vivante, qui suit des familles en deuil d'un enfant. Mylène rencontra quelques personnes ayant vécu le même drame qu'elle.

– Mais, me disait-elle en revenant de ces visites, comment m'appuierais-je sur quelqu'un qui souffre autant que moi ? J'ai l'impression d'ajouter à sa douleur sans que la mienne y trouve le moindre apaisement. J'en tire plutôt la certitude que, pour nous, il n'y aura plus jamais d'issue.

J'ai connu des familles appartenant à cette association. Malgré la cruauté de leur deuil, elles parviennent à dégager une dynamique qui leur permet de survivre et d'œuvrer de façon magistrale autour d'elles. Ces familles sont pratiquantes et puisent dans la religion la force de forger leur nouvelle vie.

Longtemps, nous avons été pour Mylène les seules relations qui auraient pu lui permettre d'entamer son deuil. En dehors de nous, elle demeurait désespérément isolée. Sa propre famille la rejetait, lui reprochant méchamment de se complaire dans son malheur et de la perturber avec le souvenir de ce fils qui n'était plus. Ses belles-sœurs avaient des enfants bien vivants et ne souhaitaient pas l'entendre parler sans cesse de la mort. La société – qui, en matière de fabrication d'exclus, fonctionne si bien – n'était guère plus tendre pour Mylène. Le contrat emploi-solidarité que nous avions conclu avec elle lui permettait de toucher, pour son mi-temps, un salaire d'environ 2 500 francs par mois. L'importance de cette somme dut paraître indécente à la caisse d'allocations familiales et à la D.I.S.S. placée sous l'autorité du Conseil général, qui lui supprimèrent l'allocation logement et l'aide médicale gratuite dont elle avait jusque-là bénéficié. A l'époque, Mylène devait donc supporter à la fois la perte d'un enfant, les péripéties d'un divorce difficile qu'elle jugeait injuste et la diminution de ressources n'ayant de vitales que le nom.

Que de deuils pour elle ! Que de souffrances sans le moindre espoir d'une issue, sinon heureuse, du moins apaisante ! Les dernières fois que je la rencontrai, rien n'avait changé. Elle continuait à croire que son fils allait revenir et l'attendait. Mylène avait un second fils, un peu plus jeune que le premier. Elle me laissa souvent entendre qu'elle lui reprochait d'être auprès d'elle, vivant, alors que l'autre avait disparu. Elle me confia un jour qu'elle lui avait proposé de se suicider avec lui pour le rejoindre. Elle l'investissait tant de sa propre souffrance qu'il ne parvenait pas à vivre la sienne et à mener à bien son propre deuil. Il a fini par s'éloigner d'elle, seul moyen de se protéger, de clore ainsi définitivement la tragique histoire de son frère et d'entamer une nouvelle existence.

Je me suis souvent demandé si Mylène, prisonnière d'un cercle de douleur dont elle ne voulait pas sortir, n'a pas cherché inconsciemment à perdre aussi ce second fils. Comme si la « perte », indéfiniment revécue, était devenue son mode de fonctionnement. Plus tard, Mylène a déménagé sans me donner sa nouvelle adresse et je l'ai perdue de vue. Ne pas faire le deuil d'un être aimé, c'est refuser que passe le temps, que s'installe l'oubli et que s'apaise la souffrance. C'est aussi refuser la mort. Or refuser la mort implique, très fortement, le refus de la vie.

L'AIDE AUX FAMILLES ENDEUILLÉES

Une telle aide commence avant la mort du malade en phase terminale. Ses proches, ses parents, son (ou sa) conjoint(e), ses enfants, entament un parcours douloureux. Il est important que médecins et soignants soient intégrés à ce parcours. Chaque membre de la famille vit cette perte d'une manière différente, ce qui risque, parfois, de heurter certaines sensibilités et de faire naître des malentendus qui peuvent accroître la souffrance. On ne ressent pas la perte d'un fils de la même manière que celle d'un époux ou d'un père. La douleur, comme le vécu, n'est jamais identique. Il est primordial d'admettre la diversité des réactions de chacun face à une mort qui s'annonce. Certains entament leur deuil sans attendre, d'autres espèrent et luttent jusqu'au bout, considérant le mourant comme un être toujours bien en vie et l'accompagnant de manière active jusqu'à son dernier souffle.

A l'hôpital, la famille doit être considérée comme l'alliée de l'équipe soignante. Le rôle qu'elle se voit attribuer doit être actif. Elle n'est pas « malade », malgré sa douleur. Elle ne doit pas être systématiquement tenue à l'écart de la dynamique de soins qui s'installe autour de la personne en phase terminale. Il est vrai que les soignants ressentent souvent la souffrance de la famille comme une charge difficilement supportable ; ils tentent alors de la protéger en envoyant à ses membres des messages apaisants, parfois trompeurs. Si le malade a passé une très mauvaise nuit, sa famille doit le savoir. Cette souffrance, ce mal-être, lui appartiennent. S'ils ne sont pas clairement exprimés, cela signifie qu'il y a non-reconnaissance de la vie propre du malade, avec ses hauts et ses bas. La famille doit exercer son droit à assumer ce qu'il vit, même si cela est très difficile. La relation entre le mourant et les siens se gère jusque dans son extrême complexité. C'est dans cette relation que le personnel soignant prend toute son importance.

En de telles circonstances, la famille, qui s'était trouvé un équilibre plus ou moins heureux au cours des années, le voit soudain voler en éclats. Le rôle de chacun, au sein du groupe, est alors à redéfinir. Si le mourant est un père de famille qui jusque-là pourvoyait seul aux ressources des siens, des problèmes pécuniaires font leur apparition. L'angoisse s'accroît en raison de la perte d'une personne qui procurait une image réconfortante, sécurisante. Le deuil se prépare dans la fin des habitudes, des projets, des désirs communs. La projection dans l'avenir n'est plus possible. La famille en désarroi s'immobilise, dans un temps plus ou moins long, en recherche d'une nouvelle orientation. Cette quête n'est pas consciente car elle susciterait une culpabilité trop grande, mais elle est vitale pour les survivants et prendra peu à peu corps si le deuil s'accomplit normalement.

Tout accompagnant a pu voir comme le corps se transforme à travers la maladie. L'idée que la famille avait de l'apparence de l'être aimé se dissout jusqu'à disparaître. Assister à cette première perte et l'accepter se révèle insupportable pour certains, qui espacent alors leurs visites, s'éloignent et parfois ne reviennent plus, laissant l'équipe soignante assumer seule la fin du patient. Là encore, il importe que la famille soit soutenue, qu'elle dispose de quelqu'un à qui dire son angoisse, son désarroi, son impuissance, ses faiblesses, qu'elle puisse être écoutée sans être jugée. Il en va de même des soignants, que les deuils successifs de leurs patients atteignent au plus profond. Des réunions régulières, le droit à une parole sans entrave, une écoute amicale et compréhensive, sont autant d'atouts qui leur permettront de conserver leur équilibre et de gérer au mieux ces ruptures répétitives. La famille et l'équipe pourront plus aisément revenir autour du malade pour construire et reconstruire, au fil des jours, la relation qui le soutiendra jusqu'à la fin. Il est important que les uns comme les autres ne perdent pas de vue l'imminence de la perte, qu'ils prévoient d'avoir à veiller le mourant au moment de son agonie, qu'ils se préparent au choc de la mort et aux funérailles qui vont suivre, confrontation très rude au monde extérieur. La famille, très entourée à l'hôpital, se trouve brutalement dans un univers où l'on ignore tout de son histoire, face à des personnes bien vivantes et fort heureuses de l'être.

Au moment de la mort, on a trop souvent vu des médecins se précipiter vers les membres de la famille, les pousser hors de la chambre en disant : « Sortez ! Sortez ! C'est la fin ! », et les faire revenir juste après le décès. Il est important que la famille vive « en direct » cette rupture définitive, et que toutes les émotions suscitées soient acceptées, même si la scène est poignante. La mort appartient au mourant comme elle appartient aux survivants. Elle est, répétons-le, cette « dernière étape de la croissance » qui s'inscrit dans l'histoire du groupe touché par le drame. Priver celui-ci de ces instants, si difficiles soient-ils, revient à lui dérober une partie de son histoire sous prétexte de l'épargner, ce qui n'est, comme le savent les analystes, les médecins et les accompagnants bénévoles, qu'une illusion. Un peu plus tard, le premier choc passé, certains membres de la famille risquent alors de développer et d'entretenir une culpabilité intense parce qu'ils n'ont pas assisté jusqu'au bout l'être aimé qui se mourait. Et il est certainement plus difficile de vivre avec ce souvenir que d'avoir eu à affronter une agonie.

« Ce qui fait mal, écrit le psychanalyste J.-D. Nasio dans son excellent ouvrage, *Le Livre de la douleur et de l'amour*[1], ce n'est pas de perdre l'être aimé, mais de continuer à l'aimer plus fort que jamais alors que nous le savons irrémédiablement perdu. [...] La douleur du deuil n'est pas douleur de séparation, mais douleur d'amour. »

En France, l'aide aux familles endeuillées se développe. Le personnel soignant, qui entoure le malade jusqu'à la fin de sa vie, des psychologues et des bénévoles apportent leur assistance aux survivants, dans le douloureux travail de deuil qu'ils entreprennent. De petits groupes se constituent, composés de personnes qui évoquent ensemble la souffrance liée à la perte qu'ils viennent de subir et leur difficulté à renaître. Les hommes et les femmes qui accompagnent ce lent cheminement connaissent toute la richesse de tels échanges dans l'élaboration du deuil. J.-D. Nasio, commentant Freud, souligne l'importance de ce travail : « La douleur n'est pas immédiatement liée à la perte, mais au travail de deuil, étant entendu que le mot "deuil" signifie non pas "perte", mais réaction à la perte. »

1. Éditions Payot, 1997.

5

La relation à l'autre, cette étincelle divine

La mort m'ayant terrifié, je suis allé dans les montagnes pour méditer à son sujet. Ayant découvert la nature immortelle des choses, je suis redescendu vers la vie.

Milarépa (sage tibétain)

Notre état d'esprit, au moment de mourir, décide si nous avons une chance d'être illuminé, en tout cas il décide de la nature de notre renaissance. Il est donc très important de maintenir le mourant aussi calme que possible, de le distraire autant que possible de son attachement à ses proches, à ceux qu'il aime, de sa détresse à les quitter.

Sogyal Rimpoche

Alors que j'achevais cet ouvrage, je vécus une fois de plus une histoire douloureuse. La même révolte me saisit chaque fois que je découvre que nous agissons comme si l'humanité, avant nous, n'avait pas vécu, ni pensé, n'avait rien élaboré et ne nous avait rien légué. Et je finis par espérer, pour trouver quelque apaisement, que ces phases d'endormissement sont nécessaires à toute nouvelle évolution positive. C'est peut-être ainsi que le monde avance. Mais quelle souffrance ! Quel gâchis que tous ces êtres sacrifiés à l'indifférence, abandonnés, parce que la simplicité a perdu son sens et que l'on ne sait plus comment réagir ! L'aube du troisième millénaire serait-elle l'une de ces périodes charnières où tout est à réinventer ? Jamais nous n'avons eu autant de possibilités de communiquer. Il semble que nous pouvons tout savoir, tout de suite. Ce n'est pourtant qu'une illusion. Nous ne nous sommes jamais sentis aussi solitaires, privés de la plupart de nos repères. Certains réussiront à s'en créer. D'autres seront sacrifiés, dans un environnement humain défaillant.

L'homme a besoin d'amour. Il ne grandit et ne se structure que dans une relation sereine à l'autre, comme le rappelle l'histoire bien connue de ce roi de Prusse que l'on disait éclairé, auquel on avait apporté un bébé abandonné dans un coin de son château. Le monarque, qui était d'esprit curieux, s'intéressait entre autres à la transmission du langage. Il ordonna que l'on s'occupe de l'enfant, mais sans lui parler. Le bébé, bien que nourri et soigné, ne survécut pas. C'est dire l'importance du langage et de son contenu, l'importance vivifiante de l'autre, du début de la vie jusqu'à l'extrême limite.

L'histoire douloureuse que je viens de vivre est celle d'une camarade de mon plus jeune fils. Elle avait dix-sept ans. Elle s'est suicidée. C'était une jeune fille gaie, d'une grande vivacité, qui nous faisait penser à un petit écureuil. La nouvelle nous a tout d'abord atterrés. Nous ne voulions pas y croire. Puis j'ai vu arriver les adolescents du quartier. Ils couraient le long du trottoir comme s'ils fuyaient, dans ce mouvement, toute la souffrance qu'ils ressentaient. La nouvelle s'est confirmée. Leur amie les avait quittés sans une explication. Ils se sont regroupés pour passer la soirée ensemble. Je leur ai proposé d'évoquer ce drame avec eux. Ils ont refusé brutalement, préférant rester entre eux.

L'enterrement a été fixé au surlendemain. Tandis que les cloches sonnaient, plus d'une centaine de jeunes se sont pressés devant l'église. Certains tenaient une rose. Ils avaient entre quinze et vingt ans. Beaucoup pleuraient et, sur leurs visages de jeunes adultes, on décelait les traits d'une enfance dont ils n'étaient pas tout à fait sortis. Certains sont venus m'embrasser. Leur détresse était bouleversante. J'ai rejoint cinq mères qui avaient accompagné leur fils ou leur fille. Près du fourgon mortuaire se tenait la famille d'Amélie, ravagée par la douleur. Nous sommes entrés dans l'église à la suite du cercueil, au son de l'*Ave Maria* de Schubert. Il y avait peu d'adultes et beaucoup de jeunes sur les bancs. Leur isolement et leur souffrance me blessaient profondément.

La messe a commencé. Lorsque est venu le moment de chanter, seule ou presque s'est élevée la voix du curé. Personne ne connaissait les cantiques. Je sais la valeur du chant, la puissance des voix qui s'élèvent, j'y ai maintes fois puisé un peu de paix. Encore un message transmis par nos ancêtres, musiciens qui nous ont légué messes et chants sacrés, bâtisseurs de cathédrales aussi, qui connaissaient la force de ces voûtes imposantes où la voix monte et retombe, bienfaisante, consolatrice, porteuse d'espoir en ces instants de si cruel désarroi. Chanter autour d'un cercueil, c'est permettre à l'âme de prendre son envol, c'est l'accompagner vers l'infini. Chanter pour une famille frappée de manière aussi éprouvante, c'est l'entourer, l'assurer que le groupe existe autour d'elle et l'aidera dans ce lent retour vers une existence normale, aussi longtemps qu'il le faudra. Et chanter ensemble lors d'une messe de deuil est un hymne à la vie, à cette vie qui reprendra, lorsque le temps sera venu...

Après le sermon, nous nous sommes approchés du cercueil, les uns pour le bénir, les autres pour le toucher de la main, simplement, en un dernier adieu. Moment pénible où la douleur et l'incompréhension dominent. Moment cruel pour tous ces jeunes, hébétés, qui ne trouvaient aucun sens à l'abandon de leur amie et à leur propre détresse. Puis est venu l'instant de quitter l'église. Garçons et filles ont suivi le cercueil vers le portail, passant devant la famille, revendiquant farouchement le droit d'entourer Amélie jusqu'au moment où elle leur serait définitivement enlevée. Ils étaient en larmes, les bras chargés de fleurs. Le cercueil a disparu ensuite dans le fourgon, qui a démarré sans attendre. Pour nous, tout venait brusquement de se terminer. Nous sommes restés sur le parvis, en proie à la douloureuse certitude que tout était passé beaucoup trop vite.

Les cinq mères et moi-même étions en mesure d'assumer ce bouleversement. Mais les jeunes, eux, se sentaient brutalement abandonnés. Pour eux, cette rupture était un choc de plus, un non abouti dans lequel leur chagrin ne trouvait aucune voie d'apaisement. Nous aurions pu marcher, derrière le fourgon, jusqu'au cimetière, situé à un kilomètre de là. Nous l'aurions suivi lentement, parlant à voix basse de cette grande peine qui nous agitait, du vide que laissait cette petite amie, et de la culpabilité que nous ressentions à ne pas avoir su discerner l'inquiétude, le mal de vivre dans son regard. Nous aurions pu penser, ensemble, à cette mère qu'allaient tourmenter, jusqu'à la fin de ses jours, les mêmes questions. Tout cela, nous l'avons certes évoqué, mais isolément, sans cet échange avec l'autre qui peut être si riche et apaisant.

Je regardais, à quelques pas de moi, ces jeunes meurtris, désorientés, auxquels nul rite n'avait apporté de soutien, de nouvelle espérance. Je savais qu'il était inutile de les rejoindre. Ils voulaient vivre cette désertion entre eux, toute de sanglots et de chuchotements. Peu à peu, je les ai vus s'éloigner par petits groupes, serrés les uns contre les autres, dans des directions différentes. Tout était fini et bien fini, ils en prenaient cruellement conscience en s'enfuyant, solitaires et désespérés. La vie qui venait de leur assener un coup si dur les entraînait de nouveau, sans qu'ils aient eu la possibilité d'épuiser les premières manifestations de ce deuil si éprouvant – le premier, pour beaucoup. Les mères demeuraient seules devant l'église, hésitantes, souffrant elles aussi de se séparer déjà. La lourde porte avait été refermée. Nous n'avions même plus la possibilité de retourner dans l'église pour méditer devant la flamme d'une bougie ou un rayon de soleil filtrant à travers les vitraux. Lorsque la douleur est si vive, le moment arrive toujours où l'on espère qu'elle s'apaisera un jour. En nous amputant de ces instants nécessaires à notre peine, c'est d'espérance que l'on nous privait. Nous nous sommes séparées difficilement, marchant lentement vers nos voitures et échangeant quelques mots encore pour combler ce grand vide que nous ressentions. Chacune est repartie en emportant l'image d'une jeune fille qui avait décidé de mourir à dix-sept ans. La rue était déserte. Au revoir, petite Amélie !

Dans ce cas comme dans tant d'autres, la cité s'est montrée défaillante, et l'Église guère moins. Une société où la souffrance n'est pas prise en compte ne peut évoluer. Je connais bien des mouvements laïcs où la tolérance et le respect de l'autre sont affichés ; ces groupes citoyens se doivent de réfléchir et de réagir lorsque plusieurs des membres du corps social sont en danger. Ils le sont lorsque la perte d'un être cher – en l'occurrence, un enfant – les frappe d'une manière aussi brutale, et il importe qu'ils puissent compter sur des structures solides, qui les soutiendront dès qu'ils en ressentiront le besoin. Il est, en effet, difficile et délicat de proposer son aide en de tels moments, surtout si l'on est un inconnu. L'amitié entre enfants n'implique pas forcément des liens entre adultes.

Longtemps, l'Église a joué ce rôle de médiateur auprès des personnes endeuillées. Le prêtre, ou le pasteur, était unanimement reconnu dans ces fonctions. Ces coutumes se sont perdues. Il n'en demeure pas moins que l'Église n'aurait pas dû abandonner un rituel dont elle connaissait toute l'importance. On le voit réapparaître dans certaines paroisses, à l'initiative de fidèles. Bien que non pratiquante, je pense qu'il y a tout lieu de s'en réjouir. Je suis persuadée que ces jeunes venus à l'enterrement de leur amie se seraient sentis moins solitaires s'ils avaient pu observer ces rites dont la symbolique, tôt ou tard, leur serait apparue.

En évoquant l'accompagnement de l'âme du défunt à travers le chant, je n'ai fait que reprendre un thème aussi vieux que le monde. Pourquoi le chant ne conserverait-il pas la même importance dans notre société laïque ? A défaut d'une invocation de l'âme, dont la connotation religieuse pourrait déplaire à certains, nous pouvions invoquer l'esprit ou simplement le souvenir du disparu pour lequel nous chantions. Les rites de deuil ont été élaborés pour le défunt, mais aussi et surtout pour les survivants. Il est vrai que les jeunes ne sont guère attirés par la musique sacrée, de moins en moins utilisée lors des cérémonies funèbres. On leur préfère aujourd'hui les morceaux ou les chansons que le défunt aimait. L'essentiel est que la voix s'élève, chantant à la fois la douleur et l'espérance.

Il est toujours de tradition d'aller à l'église lors d'un décès, même si la famille et les amis endeuillés ne la fréquentent plus depuis longtemps. On peut y voir un désir inconscient du retour dans le sein de la mère, ce sein nourricier qui transmet la vie, alors que la mort vient de ravir un être chéri. On peut aussi bien se réunir ailleurs. L'essentiel est que le groupe accompagne, fort et disponible, sur ce bout de chemin éprouvant. Il faut rechercher et réélaborer ces rites qui soutiennent les personnes en souffrance. S'il est vrai que l'on grandit dans le chagrin, il est inhumain de laisser nos jeunes aborder ces phases difficiles de l'existence sans proposer de réponses aux douloureuses questions qui les agitent.

« Moi, je n'aime pas la mort », répondent la plupart de ceux que l'on ne voit jamais aux enterrements. Personne n'aime la mort. Elle terrifie, nous frappe alors que nous nous y attendons le moins, nous privant de ceux que nous aimions. Mais plus nous la fuyons, plus elle nous paraît hostile et dangereuse, et moins nous la supportons.

Elisabeth Kübler-Ross, qui a entamé la dernière étape de sa croissance, avoue – elle qui a tant fait pour aider les autres à mourir – que cela lui est finalement beaucoup plus difficile qu'elle ne l'imaginait. C'est à travers nos rites réhabilités que nous réapprendrons la mort. Nous pourrons alors prendre en charge d'une façon plus naturelle le problème de l'accompagnement de nos mourants. Nous pourrons aussi envisager d'aider nos vieillards à vivre leurs derniers jours chez eux, entourés de ceux qu'ils ont vus grandir. Le troisième millénaire s'annonce difficile pour ceux qui finiront leur vie en maison de retraite. Pour nombre d'entre eux, une famille attentive et aimante demeurera la seule ressource et le seul gage d'un peu d'humanité.

LA RELATION À L'AUTRE

Certains médecins, aujourd'hui, encouragent les accompagnants bénévoles à les aider auprès des malades en phase terminale. Ils ouvrent ainsi la voie et permettent que se tisse de nouveau ce lien d'amour qui s'est perdu entre les êtres.

D'autres demeurent hermétiques à cette approche moderne de la souffrance et de la mort. Les accompagnants ont alors le plus grand mal à offrir leur aide aux soignants, aux mourants et à leur famille. Il y a tout lieu de croire que ces médecins ont tout tenté pour sauver leur malade et vivent sa mort prochaine comme un échec personnel. Ils refusent toute discussion avec le personnel soignant, l'abandonnant, seul et sans soutien, aux pertes qu'il vit de façon permanente.

Chacun de nous rêve de sauver ces êtres dont la disparition nous blesse. L'expérience, dure et sans merci, nous apprend et nous rappelle indéfiniment à quel point nous sommes fragiles et démunis devant la mort. Que peut-il advenir de la maladie et de la souffrance dans un monde où une indifférence glacée remplace la foi, non seulement la foi en Dieu, mais en l'autre. Comment la mort peut-elle être acceptée et vécue dans sa plénitude sans une relation à l'autre puissante et constructive ? L'union du cœur et de l'esprit permet une maturation riche et dense, en se nourrissant autant du désir de recevoir que de celui de transmettre. Il en est ainsi entre le mourant et l'accompagnant. L'un vit les derniers moments d'une histoire qui n'appartient qu'à lui, tandis que l'autre l'assiste par sa présence et le réconfort qu'il s'attache à lui apporter. A tour de rôle, ils donnent et reçoivent l'un de l'autre.

La disparition des croyances et des idéologies ouvre la porte au néant. En Occident, le christianisme préside de moins en moins aux destinées, et l'on voit des hommes et des femmes épris de sacré se tourner vers d'autres mouvements spirituels, tels le bouddhisme ou l'hindouisme. Certains, plus fragiles, tombent sous la tutelle pernicieuse des sectes ; on ne peut que les plaindre et regretter que leur quête se soit si dangereusement fourvoyée. Il n'en demeure pas moins que ces attitudes témoignent de l'angoisse profonde qui agite et inquiète les esprits en cette fin de siècle en mal de spiritualité. L'être humain, dont on voudrait croire qu'il est devenu essentiellement profane, n'a pas renoncé au sacré. Il continue à le porter en lui.

Pour certains, la tradition judéo-chrétienne guide nos consciences et, quoi que nous en pensions, notre inconscient. Malgré tout, la communion des êtres dont parlait l'Écriture semble s'être perdue. C'est sans doute la raison pour laquelle des hommes et des femmes d'aujourd'hui, principalement ceux qui se penchent chaque jour sur la souffrance et la mort, se tournent vers d'autres traditions, orientales notamment, si riches d'enseignements, qui les mènent sur des chemins identiques de sagesse et d'espérance. Je suis également convaincue que l'athée trouve dans l'univers de quoi nourrir et fortifier son esprit. Voltaire, qui comparait le monde à une horloge d'une infinie complexité, se figurait que seul un « grand horloger » avait pu concevoir et régler son mécanisme.

J'entends souvent critiquer ces chrétiens qui se tournent vers d'autres traditions. Leur cheminement perd toute crédibilité aux yeux des bien-pensants. Mais qu'importe l'arbre auquel nous puisons notre force ! Qu'importe qu'il soit chêne, peuplier ou cerisier ! Qu'importe la source qui nourrit notre esprit et lui procure cette force nécessaire à toute relation à l'autre ! Qu'importe, enfin, le chemin que nous suivons, s'il nous permet de creuser jusqu'au fond de nous-même pour trouver un sens à notre vie, et le transmettre à notre tour ! Une certaine énergie est nécessaire pour y parvenir, et tout le monde ne s'y intéresse pas.

Au long des siècles, la religion s'est chargée de forger les esprits et d'affirmer qu'elle sauvait les âmes. La communauté vivait autour de ces valeurs, qui semblaient lui suffire. La confession et le pardon soulageaient les consciences. Le prêtre – le père – accompagnait durant les « passages » de la vie, de la naissance jusqu'à la mort, avec la promesse d'une vie éternelle. Cette dynamique s'est perdue. Comme dans toute remise en cause, les fondements du système ont volé en éclats et n'ont pas été remplacés. Certains, une minorité, sont restés fidèles à l'Église. La majorité vit sans repères et sans espérance. La « communion » des temps anciens s'appelle aujourd'hui « relation à l'autre » ou encore « relation d'aide », cette dernière réservée aux milieux psychologiques. C'est cette relation que nous devons développer pour qu'elle devienne un mode de vie sensible et chaleureux, et pas seulement un devoir ou une thérapie.

Beaucoup de femmes et un peu moins d'hommes se sont mis à tisser en cette fin de siècle le réseau nécessaire que constitue l'aide aux mourants. Les femmes, ayant donné la vie, me semblent plus naturellement portées à la voir s'éteindre pour se dissoudre dans le Grand Tout. Chacune d'elles, j'en suis sûre, porte une douleur secrète au fond d'elle-même. Qui peut comprendre la souffrance s'il n'a pas souffert ? Je les trouve d'une grande beauté, lorsque je les observe ou lorsque je les écoute évoquer ces malades ou ces vieillards qu'elles accompagnent jusqu'au bout du chemin. Beauté tragique où plus d'un deuil a dû tracer sa douloureuse histoire. Beauté intérieure, tout en force et en sérénité, qu'elles façonnent dans cette confrontation permanente avec l'autre. Beauté magique qui nous renvoie à l'essence même de l'être. Beauté discrète, modeste, qui sculpte les traits, illumine les regards et pose les voix. Elles reçoivent et écoutent avec tant d'amour ces êtres que la mort a blessés. Elles accompagnent des adultes et des enfants endeuillés au long de leur dur itinéraire. Chacune apporte ses connaissances et son expérience comme autant de pierres à l'édifice qu'elles construisent. Ce n'est pas un monde de tristesse qu'elles évoquent, mais un monde bruissant de vie où l'esprit s'épanouit. Elles ouvrent des chemins inexplorés. Riches de souffrances et d'espérance, elles se forment à de nouvelles façons de méditer, abordent de multiples courants de pensée et posent ainsi les fondations d'un mysticisme moderne. Lorsqu'elles quittent cet univers de souffrance dans lequel elles œuvrent, c'est pour tracer, entre elles et le cosmos, ce lien puissant qui mêle indéfiniment vie et mort. Et je les écoute rattacher la philosophie grecque aux rites égyptiens, bouddhistes, hindouistes. Je les retrouve dans la Kabbale, puis dans le christianisme, avant qu'elles ne repartent puiser d'autres forces dans la pensée de Jung. Ainsi travaillent-elles à jeter les bases d'une société qui devrait permettre à l'homme du troisième millénaire d'aborder la mort de manière plus humaine, de réapprendre à vivre avec l'autre et de savoir l'accompagner, lorsqu'il quitte ce monde, jusqu'à l'extrême limite de sa croissance.

Chaque fois que j'y pense, je regrette amèrement que l'une de ces femmes n'ait pu être présente auprès de ma mère. Elle l'aurait soutenue, écoutée, aimée sans faille tout au long de son parcours si douloureux. Elle lui aurait permis de s'apitoyer sur ses enfants qu'elle s'accusait d'abandonner et sur sa vie de jeune femme brisée si tôt. Nous, ses enfants, aurions pu sans honte mêler nos larmes aux siennes tout en lui confiant l'insupportable chagrin que nous éprouvions à l'idée de la perdre. Nous aurions appris que personne n'est fort face à la mort et qu'au cœur même du plus effroyable chaos la parole libératrice tisse les liens d'une survie à peu près supportable.

Il y a quarante ans déjà... En quarante ans, la médecine a progressé comme jamais dans l'histoire de l'humanité. Elle a ouvert la voie aux plus grands espoirs. Et pourtant, je sais que, partout, des hommes et des femmes meurent toujours dans la plus grande solitude et dans d'inadmissibles souffrances. Point n'est besoin, d'ailleurs, d'être ce que l'on appelle un « grand mourant » pour être la proie de la souffrance. Le fils d'une amie vient d'être opéré d'un abcès au coccyx ; le chirurgien a averti la mère que cette intervention était bénigne, mais très douloureuse ; en effet, il importe que la plaie, large et profonde, se cicatrise par le fond. On la rouvre donc à chaque pansement, en y introduisant d'épaisses bandes de gaze, ce qui provoque d'intenses douleurs. Parallèlement, j'assistais à une réunion d'accompagnants. Nous préparions une conférence sur la fin de vie à l'intention des médecins. Comme nous recherchions un sujet susceptible d'intéresser le plus grand nombre, j'ai proposé le thème de la douleur. L'une des participantes, bien introduite dans le milieu médical, m'a répondu :

– Ce n'est plus utile. Aujourd'hui, on a tout ce qu'il faut pour la soulager.

Je ne demande qu'à la croire. Mais pourquoi ces médicaments ne sont-ils pas utilisés ? Pourquoi le jeune homme hurle-t-il lorsqu'on change ses pansements au coccyx ?

Nous nous trouvons devant un véritable choix de civilisation. Notre société, qui se réclame d'un certain humanisme, n'est pourtant jamais loin de la barbarie qui affleure partout, sous les formes les plus inattendues, pointant son hideux faciès que nous espérions avoir oublié.

Veillons à ce que nos anciens ne disparaissent plus abandonnés dans des mouroirs aseptisés. Veillons à ce que la fin de vie, si importante pour chacun, ne soit plus un cheminement solitaire, anonyme et dénué de tendresse. Apprenons à déceler la quête dans le regard de l'autre. Apprenons surtout à y répondre. Sachons le comprendre et l'aimer dans sa souffrance, sa différence et cet immense besoin qu'il a de nous. Le philosophe Emmanuel Lévinas nous y invite de façon remarquable : « L'amour d'autrui est toujours l'amour de quelqu'un qui, à un niveau quelconque ou un degré quelconque, souffre. Autrui qui m'interpelle, c'est toujours quelqu'un qui est sans défense, d'une façon ou d'une autre, malgré les contenances qu'il se donne et les titres qu'il a, et son visage annonce fatalement la mort à venir. » L'acte de mourir est un acte de vie. Accompagner dans cet ultime acte de la vie, c'est croître dans l'amour de l'autre.

ANNEXE

Réflexions sur la douleur

La souffrance est la souffrance. Elle n'est pas un signe, elle n'est porteuse d'aucun message. Elle ne renvoie à rien. Elle n'est rien que le pire des maux.

Wolfgang Sofsky

La seule souffrance supportable, c'est celle de l'autre.

Professeur René Leriche

Il peut paraître surprenant d'aborder le problème de la douleur alors que l'on n'est pas soi-même un professionnel de la santé. Nous la côtoyons cependant, et notre impuissance devant la souffrance de certains malades nous est difficilement supportable. Il nous arrive aussi de souffrir, de manière moins éprouvante et dans des cas moins graves, mais avec la désagréable impression que tout n'est pas fait pour nous soulager complètement. On peut rêver d'une société où la douleur aurait disparu. Est-ce souhaitable ? Les premières manifestations de douleur, en effet, avertissent de l'existence d'une maladie. Dans cette mesure, elle est nécessaire. Mais au-delà, elle n'a plus de raison d'être.

Le cancer des os qui devait emporter ma mère s'était déclaré au niveau de ce que l'on appelle le « sciatique gauche ». Peu avant sa mort, alors qu'elle avait totalement perdu l'usage d'une de ses jambes et qu'elle était d'une maigreur effrayante, elle réussit à se traîner jusqu'à la fenêtre de sa chambre. J'aimerais pouvoir me dire qu'elle voulait une dernière fois regarder le jardin situé quatre étages plus bas, mais j'ai trop souvent entendu des malades qui souffraient réclamer la mort pour le croire vraiment. Ma grand-mère intervint à temps pour la ramener dans son lit. Nous étions en 1959. Les médicaments n'étaient pas aussi efficaces qu'aujourd'hui et l'idée de mourir avant l'heure aurait trop choqué son entourage pour que ma mère ose en parler. Il ne lui restait donc qu'à assumer seule le choix de mettre définitivement fin à ses souffrances. Il m'arrive de penser à ce que furent sa solitude et son désespoir pour la mener à une telle extrémité.

Ce désespoir, beaucoup de malades le connaissent encore aujourd'hui. Pourquoi la douleur demeure-t-elle aussi présente dans une société qui, depuis cinquante ans, a fait autant de progrès ? Pourquoi lui réserve-t-on une place si infime dans un univers de soins que l'on développe de manière de plus en plus efficace ?

QUELQUES CONSIDÉRATIONS GÉNÉRALES

La souffrance avilit, déstructure. Elle est une expérience du démantèlement du moi. Ce n'est pas seulement le corps qui souffre, mais l'être tout entier. Dès l'Antiquité, Aristote la définissait à la fois comme une sensation et une émotion. Bien avant lui, elle était déjà vécue comme rédemptrice. La notion de faute y a toujours été et y demeure fortement attachée.

De nos jours, on fera tout pour guérir une cirrhose, une leucémie, un cancer de la gorge, on entreprendra des efforts remarquables pour réussir une opération et sauver un malade, sans toutefois reconnaître la place que la souffrance occupe dans l'environnement des soins. Certains médecins se spécialisent dans l'apaisement de la douleur, mais on constate que, la plupart du temps, le personnel soignant néglige de faire appel à leurs services. Or, ne pas prendre la douleur en compte et ne rien tenter pour la faire disparaître est un acte de violence.

Depuis quelque temps, dans certains hôpitaux, on expérimente une poire qui se remplit régulièrement de morphine et que le malade peut actionner lorsqu'il souffre trop. Les résultats sont d'une évidence criante : les effets de la douleur (torture incessante, sensation de persécution, d'avilissement, perte de ses repères...) étant soulagés, le malade, grâce à la perception sereine qu'il conserve de son corps et de son esprit, récupère plus vite. Il quitte l'hôpital plus tôt, peut reprendre, dans des délais plus courts qu'auparavant une vie normale. Il est toutefois singulier de constater que, lorsque ces expériences sont relatées par la presse, on insiste davantage sur les économies réalisées par la Sécurité sociale que sur le bien-être évident que procurent ces nouvelles méthodes.

Sauf cas bien précis (comme la torture), la douleur ne tue pas ; elle n'apparaît donc pas comme dangereuse. « Cela va passer » ou « Ne soyez pas si douillet », entend-on souvent dire. Son intensité est difficilement quantifiable.

Elle est subjective car tout le monde ne souffre pas de la même façon. On observe des douleurs plus intenses chez les personnes psychiquement fragilisées, ou hystériques, obsessionnelles, dépressives. Même si elle peut constituer alors un moyen d'attirer l'attention de l'entourage et de susciter une réaction, elle existe bien et doit être prise en compte et traitée. Parmi les pays pour lesquels le traitement de la douleur est devenu une priorité, la France n'occupe malheureusement pas encore la place qui devrait être la sienne. Et pourtant, de l'avis de spécialistes qui font autorité dans ce domaine, des traitements efficaces contre la douleur existent. L'ancienne, très ancienne notion de péché liée à la souffrance, continuerait-elle, au fond de nous-même et à notre insu, à régner sur nos consciences ?

LA SOUFFRANCE À TRAVERS LES AGES

De tous les moyens mis en œuvre pour lutter contre la souffrance depuis la plus haute Antiquité – et même, autant que l'on puisse en juger, la préhistoire –, un certain nombre ont persisté jusqu'à nos jours : la prière, les massages, l'imposition des mains, l'acupuncture, l'exorcisme. De toutes ces méthodes, incontestablement, l'une s'est développée davantage et permet encore d'associer lutte contre la douleur, réduction de la maladie et accroissement de l'espérance de vie : c'est l'administration de produits chimiques ou de drogues. Ce qui pose un problème simple : le choix de tels traitements comporte des risques d'effets secondaires difficilement quantifiables, parfois imprévisibles et éprouvants pour le patient. Toutefois, ces traitements sont de mieux en mieux maîtrisés.

L'humanité a toujours combattu la douleur. Elle y a souvent vu la rançon d'une faute. Dans la mythologie grecque, les châtiments infligés par les dieux ou le destin peuvent être considérés comme des mythes d'expiation, dont Tantale, Prométhée ou les Danaïdes paient le prix. Quant aux Érinyes, qui plongèrent Oreste dans la folie parce qu'il avait tué sa mère, elles symbolisent les tourments de la conscience. La souffrance consécutive à une faute présente deux particularités : d'une part, les suppliciés sont souvent sauvés par des héros ou des demi-dieux, tels Prométhée par Héraclès, et Phinée, tourmenté par les Harpies, par Jason ; d'autre part, si la faute n'est pas forcément volontaire, elle entraîne toujours un châtiment égal. Ainsi du mythe d'Œdipe ou, plus tard, de la tradition judéo-chrétienne, qui, aux interrogations de l'être injustement frappé, répond que les desseins de Dieu sont impénétrables – ce qui laisse supposer que la destinée est un engrenage susceptible de causer la souffrance en dehors de toute notion de justice. Il n'en subsiste pas moins qu'elle est ainsi présentée comme la conséquence d'une non-observance des règles.

Les stoïciens avaient trouvé un autre moyen de lutter contre la douleur : l'acceptation. « Douleur, tu n'es pas un mal », affirmaient-ils. La tradition judéo-chrétienne, elle, repose sur le péché originel commis par Ève offrant le fruit de l'arbre de la connaissance à Adam, à l'instigation du serpent. Le monde est à peine créé que déjà s'installent la faute et sa conséquence : « J'augmenterai la souffrance de tes grossesses, tu enfanteras dans la douleur », dit Dieu à Ève (Genèse 3 ; 16) avant d'annoncer à Adam : « Le sol sera maudit à cause de toi.

C'est à force de peine que tu en tireras ta nourriture tous les jours de ta vie, il produira des épines et des ronces et tu mangeras de l'herbe des champs. C'est à la sueur de ton visage que tu mangeras du pain jusqu'à ce que tu retournes à la terre, d'où tu as été pris» (Genèse 3 ; 17-18-19). Ce châtiment divin ne se justifie qu'en contrepartie de la faute terrible que représente la transgression de l'interdit. Elle est damnation éternelle car le Dieu de l'Ancien Testament apparaît comme un Dieu fort et jaloux, qui punit violemment l'iniquité.

Le christianisme apporte l'espoir du pardon : lorsque les temps seront révolus, les maux prendront fin. Dans son sacrifice, le Christ transcende la douleur et démontre que l'on peut aller au-delà. En mourant sur la croix, il meurt pour le salut du monde. Pour les chrétiens, il n'y a donc plus de raison que la souffrance continue à être la contrepartie d'une faute. Ce message s'est déformé au cours des siècles, la souffrance, dans ses formes les plus vives, devenant rédemptrice. Dans sa biographie de Saint Louis[1], Jacques Le Goff écrit : «L'importance et les formes de la souffrance dans la personnalité et la vie de Saint Louis résument l'évolution du christianisme latin au XIIIe siècle : le rôle accru accordé au corps et à la douleur physique, la codification au sein du système des “œuvres de miséricorde”, de la charité manifestée aux “corps et aux cœurs souffrants”, la dolorisation du péché, l'omniprésence des larmes au-delà de la componction traditionnelle, la dévotion au Christ souffrant et à la croix de la Passion, l'accent mis sur l'agonie des mourants, toute cette glori-

1. *Saint Louis*, Gallimard, 1996.

fication douloureuse de la souffrance conduit à l'image proche de l'Homme des douleurs, dont Saint Louis est un des précurseurs. [...] Ce saint est donc finalement un roi-modèle par la souffrance.» Au seuil même de la mort, Saint Louis ne pense qu'au Christ crucifié : «Parvenu à sa dernière heure, il se fit déposer, les bras en croix, sur une couche recouverte de cendre et il rendit l'âme au Créateur.» Et, plus loin : «On trouve dans la bulle de canonisation de Boniface VIII d'autres allusions à cette "bonne mort"», notion hélas ! inconsciemment véhiculée jusqu'à nos jours.

Dans les peuplades animistes, la souffrance peut résulter du mécontentement de certains esprits que l'on doit se concilier, souvent au prix de sacrifices humains ou animaux. L'administration de drogues dont une des plus connues est l'opium, ancêtre de nos antalgiques actuels, permettait d'atténuer la souffrance du sacrifié. La souffrance ritualisée est conjuratoire ; elle symbolise la «re-naissance» et atteste que l'initié, par cet acte volontaire, se débarrasse d'un état qui, aux yeux du groupe auquel il appartient, n'est plus. Les traditions africaines et indiennes demeurent fortement attachées à ces rites très durs, marquant entre autres le passage de l'adolescence à l'âge adulte.

L'une des principales difficultés, lorsqu'on analyse la douleur, réside dans son caractère subjectif. Est-elle la même pour tout le monde ? Les physiologistes nous disent qu'elle est un signal que les sens nous envoient pour mettre fin à une situation de danger. La question qui se pose est de savoir si le signal n'est pas démesuré par rapport à l'effet souhaité. La douleur est si mal tolérée qu'elle a toujours été utilisée comme moyen de pression pour obtenir des aveux ou pour tout comportement particulier coercitif. Aujourd'hui, cette perception subjective de la douleur constitue le principal obstacle dans la lutte menée pour la soulager. La douleur est un ennemi qui a ses alliés.

En premier lieu, à force de vouloir trouver des justifications à la douleur, on peut se demander si on ne lutte pas inconsciemment contre la démolition des systèmes théologiques que sa fin entraînerait. D'autre part, le caractère parfaitement subjectif de la souffrance est un obstacle à cette lutte : la personne qui se plaint souffre-t-elle vraiment autant qu'elle le dit ? N'y a-t-il pas exagération ? Une telle souffrance est-elle possible ? Le sujet ne serait-il pas un simulateur, qui utiliserait la sensibilité à la souffrance de son environnement pour obtenir plus d'attentions ? Enfin, quelqu'un qui n'aurait jamais souffert aurait-il seulement accès au concept de souffrance ?

La souffrance fut d'abord le prix d'un sacrifice ; il s'agissait de faire aux divinités, aux esprits, une offrande de prix : la souffrance ou la mort. L'Ancien Testament nous en donne un exemple, celui de Job, qui vivait dans l'opulence et le bonheur, et qui se vit, à l'instigation du démon, éprouvé par Dieu, qui le plongea dans la plus profonde misère et la maladie. Malgré les exhortations de ses amis, choqués par son malheur, il ne prononça pas une seule parole de ressentiment ou de colère contre son sort. Dieu, pour le récompenser de sa constance, lui rendit au centuple ses biens et Job retrouva un bonheur bien plus grand que celui qu'il connaissait auparavant. Il fut jugé dans la profondeur de sa foi et réhabilité en raison des souffrances qu'il avait acceptées.

En d'autres temps, la souffrance fut le signe d'un châtiment ; les lépreux, par exemple, étaient considérés comme des parias. Il y avait contre eux suspicion de punition. La souffrance fut aussi l'exercice d'un châtiment; le pal, la croix, la hache, le fer rouge, la roue, furent ordonnés par les lois. Le code d'Hammourabi, roi de Babylone (vers 1 700 av. J.-C.), établit l'échelle des peines en fonction de la structure sociale de l'époque (hommes libres, subordonnés, esclaves), tout en renforçant la notion de responsabilité dans la faute (médecin envers son malade, architecte ou constructeur envers le propriétaire). D'une façon générale, on applique la loi du talion: « Œil pour œil, dent pour dent. » La souffrance est un moyen de punir celui qui a commis un dommage et donc de rétablir l'équité. Cette idée a perduré tout au long de l'histoire. L'administration de la mort, non abolie dans certains pays, nous le rappelle. L'exécution des coupables s'est faite selon des modalités qui n'ont cessé d'évoluer vers une diminution de la souffrance. On définit cette évolution des sociétés en termes d'avancées de civilisation et en parlant du recul de la barbarie. Ainsi, dans une société, l'état de civilisation ou de barbarie a pu se mesurer en termes d'administration de la souffrance.

Depuis Hammourabi, époque à laquelle on avait le droit de crever l'œil d'autrui si celui-ci ou quelqu'un de son entourage s'était rendu coupable d'un acte similaire (encore était-ce un progrès par rapport à des temps plus anciens), jusqu'à nos jours, où de nombreux pays ont abandonné la peine de mort, la civilisation a progressé. Elle a, en particulier, remporté des victoires contre la maladie et la souffrance, malgré les obstacles.

A notre époque dite de « progrès certains », la douleur est encore peu et mal traitée. Elle est à peine abordée par les médecins. Certains d'entre eux, pourtant, s'efforcent avec succès de soulager la personne souffrante, notamment dans les pays anglo-saxons. L'exemple souvent cité, et qui a surtout essaimé aux États-Unis et au Canada, est celui de l'hôpital Saint Christopher de Londres, créé en 1967.

Pour Cecily Saunders, la principale préoccupation consistait à se demander : « Que reste-t-il à faire pour assister le mourant, lorsqu'il n'y a plus rien à faire ? » Les premières unités de soins palliatifs venaient de voir le jour, avec pour objectif primordial le mieux-être du patient et la maîtrise de la douleur par une assistance humaine de tous les instants et par l'administration d'opiacés destinés à la prévenir.

Dans son ouvrage *Mourir accompagné*[2], le docteur Sebag-Lanoé décrit sa propre expérience à l'hôpital Paul-Brousse, quelque dix ans plus tard. Les traitements antidouleur sont apparus, qui permettent aux personnes en proie à la souffrance de vivre une fin de vie sereine, apaisée, digne d'un être humain.

L'EUTHANASIE

J'ai eu l'occasion d'aborder ce sujet lorsque j'enseignais, souvent à la demande des stagiaires. Un malade qui ne supporte plus ses souffrances, un vieillard qui ne souhaite plus vivre et réclame l'euthanasie : c'est là un problème aujourd'hui fréquemment posé à notre société.

L'euthanasie est pratiquée librement aux Pays-Bas. Aux États-Unis, où elle tombe sous le coup de la loi, certains médecins ont conçu des appareils qui permet-

---

2. Éditions Desclée de Brouwer, 1992.

tent à la personne en souffrance de mettre elle-même fin à ses jours. Celle-ci agit alors dans la plus intense solitude, simplement soutenue par le courage (ou le désespoir) qu'elle puise dans son désir d'en finir au plus vite avec sa douleur. Scène pathétique, insoutenable, que la télévision nous a révélée il y a une dizaine d'années : cette « machine à mourir » avait été installée dans un camion, au milieu d'un parc. Après avoir dîné avec son mari, une jeune femme atteinte d'une maladie incurable s'est suicidée, sans assistance, par ce moyen automatique. Morte au milieu d'un cadre enchanteur et fourmillant de vie, elle a dû affronter l'ultime passage dans la solitude. Si aucun apaisement n'était possible pour elle, comme il arrive parfois, n'est-il pas légitime de se demander pourquoi elle n'a pas eu droit à une mort plus humaine, soutenue par des professionnels, au milieu des siens ? La barbarie, parfois, prend de singuliers visages.

Durant ces discussions sur l'euthanasie, sujet sur lequel je ne prenais jamais position en raison de sa gravité, j'ai pu remarquer que les personnes ayant souffert ou vu souffrir un être aimé atteint d'une maladie incurable étaient plus ouvertes, voire totalement acquises à l'idée de mort active. En revanche, des stagiaires qui n'avaient à aucun moment été confrontés à ces situations de détresse se révélaient farouchement opposés à toute idée d'euthanasie. Je ne souhaite porter aucun jugement sur l'une ou l'autre de ces positions. Simplement, il ne faut jamais oublier que la souffrance est réductrice, avilissante, qu'elle plonge l'être humain dans des états tels qu'il en arrive à souhaiter et à réclamer la mort. Il m'a souvent été confirmé qu'un malade ayant demandé une aide active à mourir était revenu sur sa décision dès lors que sa souffrance s'était apaisée.

LES MÉDECINS ET LA SOUFFRANCE

Certains médecins regardent avec suspicion le désir manifesté par le patient de ne plus souffrir. Lorsque je leur parle de ces « médicaments miracles », ils me dévisagent avec méfiance : pourquoi rechercher la disparition de ces maux qui, de temps à autre, s'abattent sur la plupart d'entre nous ? Car Platon l'affirmait déjà, « douleur et plaisir naissent l'un de l'autre ». Pourtant, la souffrance rabaisse, déstructure. C'est sa disparition qui provoque une satisfaction ineffable. Le plaisir de ne plus souffrir indispose-t-il certains, qui ne voient que les « effets secondaires », le « risque d'accoutumance », voire la toxicomanie !

Durant leurs longues années d'études, les membres du corps médical ne bénéficient que de quelques heures de cours consacrées à la douleur. Ne leur apprend-on pas que la douleur a, elle aussi, ses effets secondaires ? Probablement les plus sceptiques n'ont-ils eux-mêmes (et je m'en réjouis) jamais souffert comme peuvent souffrir les patients qu'ils soignent. En fin de compte, que peut bien leur importer qu'une personne en souffrance, si près de la mort souvent, préfère mourir intoxiquée plutôt qu'en proie à des tortures permanentes ? Savent-ils à quel point le malade, avec sa souffrance, n'est plus sujet mais objet, un pauvre objet pantelant, sans espoir de rémission ? Esclave de la douleur en même temps qu'esclave du médecin – cet être de savoir et de pouvoir qui a toute latitude pour évaluer son degré de souffrance et décider, finalement, de le soulager ou non... Je n'essaie pas de démontrer que les médecins ne tentent pas d'apaiser les maux de leurs patients. Ils le font, certains de façon magistrale, et il convient de les saluer. Malheureusement, trop d'entre eux se désistent encore, hantés par l'échec que représente un malade qui refuse de guérir et meurt.

D'ordinaire, on considère que la dose limite de morphine à administrer par jour est de 0,7 gramme. Certains médecins n'hésitent pas à la porter à 1, voire 2 grammes. Le docteur Paul Chauchard s'est fait l'écho de cette frilosité : « Grâce à ce pouvoir analgésique, la morphine peut ainsi rendre possible le sommeil quand la douleur était la cause de l'insomnie. En même temps que la douleur, il y a disparition des sensations désagréables comme l'oppression et diminution de la perception du monde extérieur, auquel on devient indifférent, d'où un état euphorique assez agréable où la conscience est conservée souvent même avec stimulation du psychisme, un rêve éveillé avec diminution de la motricité volontaire, ce qui explique que certains sujets trouvent du plaisir à cet état et, s'adonnant à la morphine, deviennent toxicomanes. C'est la fuite loin de la vie et de ses souffrances[3]. » Ainsi, vie et souffrance sont intimement liées dans la mémoire des hommes et il paraît inadmissible, voire inconcevable, de pouvoir vivre l'une sans accepter de vivre l'autre.

On sait aujourd'hui qu'il est possible d'apaiser la souffrance sans risque de toxicomanie. Quant à souhaiter fuir la vie, c'est un désir dont la souffrance se charge

3. Dans son livre *La Douleur*, Presses universitaires de France, 1981.

autant, sinon plus, que la morphine, et de manière bien moins agréable et digne. L'expérience a prouvé que lorsque le patient est guéri, il abandonne aisément tout traitement. Dans le mot « morphine », ne serait-ce pas le concept de « mort-fine » qui effraie ? La « bonne mort » de Saint Louis, souvenons-nous-en, se vivait dans les plus ignobles douleurs.

LE CULTE DE LA SOUFFRANCE

Longtemps, on a pensé que les bébés ne souffraient pas. N'auraient-ils pas de nerfs ? Ou bien ceux-ci ne commenceraient-ils à réagir qu'à partir d'un certain âge ? Chaque fois qu'un bébé hurlait lorsqu'on le piquait au pied pour obtenir une goutte de sang à des fins d'analyse, on rassurait l'infirmière en lui disant qu'il réagissait à ses mains froides. Il y a peu encore, les médecins affirmaient aux jeunes mères inexpérimentées que leur nouveau-né n'était qu'un tube digestif, qu'il ne fallait pas le nourrir pendant la nuit mais le laisser pleurer à l'autre bout de l'appartement.

Par chance, des analystes du renom de Françoise Dolto (à laquelle on doit la fameuse phrase : « Le bébé est une personne ») ont ouvert la voie à une réflexion plus généreuse qui confère à la première enfance toute son importance. Dans son ouvrage *La Douleur, originalité d'une théorie freudienne*[4], Annie Aubert fait remarquer que « ce n'est qu'à une date très récente que le traitement de la douleur est devenu l'objet d'un savoir spécifique. Qu'il

4. Presses universitaires de France, 1996.

ait fallu attendre les années 1980-1985 pour que soit reconnue la douleur chez le nourrisson[5] témoigne de la résistance des praticiens à intégrer véritablement cette donnée. En 1994, un article sur la souffrance fœtale[6] suscite encore de vives réactions. La pratique médicale paraît, lorsqu'il est question de douleur, soit tout à fait aveugle, soit empreinte de conceptions moralisatrices et religieuses, attribuant à la douleur une valeur salvatrice et justifiant des gestes parfois barbares. »

A bien y réfléchir, le concept de douleur et sa notion de faute demeurent profondément inscrits en chacun de nous. On doit bien admettre que, depuis la nuit des temps, l'humanité continue à sacrifier, sous une forme ou une autre, au culte de la souffrance. Les exemples d'expiations douloureuses n'ont pas cessé de s'inscrire dans notre histoire. Il semblerait que, malgré tous les efforts entrepris pour lutter contre la douleur, voire la réduire à son expression la plus infime, elle demeure inscrite dans la conscience des humains comme un mal (ou un bien) nécessaire.

Dans toutes les civilisations, l'histoire de la souffrance est la même. Je m'en tiendrai donc à la France. L'usage de la torture, tout d'abord. Longtemps attachée à la justice, elle constituait une aberration réglementée. A l'article « torture », le Grand Larousse encyclopédique de 1969 précise : « Si l'inculpé avoue sous la torture, il doit maintenir cet aveu en dehors de la torture (en cas de rétractation, la question peut de nouveau lui être appliquée) ;

---

5. Grâce à l'ouvrage d'Évelyne Pichard-Léandri et Annie Gauvin-Piquard, *La Douleur chez l'enfant*, Mesdi/McGraw-Hill, 1989.
6. J.-Y. Nau, « Souffrance fœtale », in *Le Monde*, 26 août 1994.

les locaux où la question est donnée doivent être chauffés l'hiver; médecins et chirurgiens donnent des soins à l'accusé... » On serait tenté de croire, à lire une telle horreur, que la justice n'a eu recours à la torture que dans des cas bien précis et pendant une courte période, heureusement révolue. On aurait tort: elle a longtemps été dans l'ordre des choses, et nul ne songeait à la remettre en cause: la foule assistait aux supplices publics, largement pratiqués au Moyen Age et jusqu'à une époque pas si lointaine. Il ne semble pourtant pas que les hommes et les femmes d'alors fussent moins sensibles que nous, ou que leur réflexion manquât d'une certaine maturité. Ravaillac, l'assassin d'Henri IV, subit les tortures liées à la « question » et mourut écartelé par quatre chevaux. Damiens, qui tenta de tuer Louis XV mais ne lui causa qu'une légère blessure, mourut après avoir enduré plusieurs heures d'atroces tortures. Dans ces deux cas, la victime était un roi « de droit divin », ce qui dans l'esprit de chacun impliquait un châtiment d'une exceptionnelle cruauté. Il faudra attendre le siècle des Lumières et la plume de Voltaire pour envisager l'abolition de coutumes barbares érigeant la douleur en exemple ou l'utilisant comme moyen de pression.

Mais la torture n'avait-elle pas d'autres buts encore, plus obscurs et tout à fait inconscients, liés à des pratiques sacrificielles très anciennes, destinées à détourner la douleur de soi-même en l'infligeant aux autres? Dans l'histoire de la souffrance humaine, l'Inquisition, instituée à l'initiative du pape Innocent III peu après l'an 1000, s'est sinistrement illustrée. Elle avait pour but de lutter contre les hérésies, notamment le catharisme, implanté dans le Midi de la France. Le pape Grégoire IX, s'appuyant sur les dominicains, permit son développement. L'Inquisition dressa ses tribunaux et ses bûchers jusqu'en Espagne et en Italie. C'est elle qui présida au procès de Jeanne d'Arc. Sa force lui venait non seulement de sa réputation de terreur, mais aussi du parti machiavélique qu'elle tirait de la faiblesse de l'esprit humain. Chaque fois que l'un de ses tribunaux s'installait dans une ville, il faisait appel à la délation tout en protégeant l'anonymat du dénonciateur. Nombre d'innocents furent ainsi livrés aux oppresseurs et condamnés à la mort. Si le pouvoir royal usait de la torture au nom de la justice, le pouvoir religieux, lui, en abusa avec le plus grand arbitraire, puisqu'il suffisait de déplaire à l'Inquisition pour la subir. Le péché était supposé, la faute jamais prouvée. A quels rites du fond des âges l'Église sacrifiait-elle alors ? En France, l'Inquisition n'a disparu qu'au XVIIIe siècle.

De nos jours, des humanistes semblent, malgré un cheminement intérieur riche et dense, n'avoir pas renoncé à prêter à la douleur certains bienfaits curatifs. Ainsi Jean-Pierre Bayard, dans son livre *Le Sens caché des rites mortuaires*[7], écrit : « L'alchimie nous a appris que le métal, pour être régénéré, doit être torturé par le feu : une douleur qui transforme les éléments de base jusqu'à leur destruction interne. » Il existe un parallèle symbolique entre l'alchimiste qui transforme la matière en métaux nobles et l'être humain qui s'efforce tout au long de sa vie de s'améliorer. Mais pourquoi employer le terme « torture », immédiatement suivi de celui de « douleur » ? Ne peut-on ni grandir ni devenir meilleur

7. Éditions Dangles, 1993.

sans chercher systématiquement à souffrir ? J'aurais, pour ma part, fait appel aux notions de travail, d'effort, de réflexion, de méditation, plutôt qu'à celle de souffrance.

Malgré la disparition de l'Inquisition et l'abolition de la torture comme appareil de l'Église ou de l'État, malgré l'apparition des démocraties et leur volonté certaine d'œuvrer pour un monde plus humain, le XXe siècle n'a échappé ni à la souffrance ni à l'horreur. Il a continué à raconter, sous d'autres formes, la même histoire. Ceux-là même, qui souhaitaient que ne soit pas oublié le génocide de la dernière guerre ont vu se produire des faits analogues, dans une sorte d'impuissance générale, en ex-Yougoslavie, au Cambodge, au Rwanda. Le monde entier savait, entendait la douleur de l'autre, un peu comme ces gens qui se pressaient autour de la place de Grève lorsqu'on y suppliciait un malheureux.

La souffrance n'a pas reculé. Elle fait toujours partie de notre vie. Elle est supportable, bien sûr – d'autant plus vaillamment qu'il s'agit de celle de l'autre. Or, tant qu'elle sera celle de l'autre, elle ne sera pas nôtre. Elle apparaît, à travers les âges, comme une offrande sacrificielle que l'on ne cesserait d'adresser à la divinité. Rien n'a changé, sinon la représentation de ce rituel permanent auquel nous participons toujours. L'utilisation du terme « holocauste » pour désigner le génocide juif en est une illustration frappante. L'holocauste est à l'origine un sacrifice religieux au cours duquel étaient immolées des victimes destinées à être consumées par le feu. Que les nazis, dans leur folie meurtrière, aient d'abord souhaité l'extermination pure et simple du peuple juif est un fait qu'ils ont eux-mêmes clairement revendiqué. Mais que le monde, aujourd'hui, parle à ce propos d'holocauste inclut, qu'on le veuille ou non, une notion de sacrifice. A-t-on mené une réflexion vraiment approfondie sur l'utilisation de ce mot ? Quel rituel avons-nous inconsciemment reconnu et admis dans cet ignoble épisode de notre histoire et à quel rite d'expiation obéissons-nous en érigeant ce génocide en sacrifice ? La douleur, souvenons-nous, était offerte aux divinités pour s'allier grâce et pardon. Pourtant, lorsque, dans l'Ancien Testament, Abraham décide d'offrir son fils Isaac en sacrifice à Dieu, ce dernier intervient en arrêtant sa main ; un bélier sera égorgé à la place de l'enfant. Dans la tradition chrétienne, le message est réitéré : le Christ s'immole sur la croix pour clore à jamais toute pratique de sacrifice humain. Ce sacrifice sera désormais perpétré, de manière symbolique, lors de chaque messe.

A l'aube du troisième millénaire, il est temps que notre relation à la douleur évolue de manière radicale. La souffrance ne signifie plus le rachat des péchés ou la garantie d'accéder au paradis. Exercée aussi bien sur le corps que sur l'esprit, elle a trop souvent servi le pouvoir de l'oppression. L'heure semble venue de rompre avec ces coutumes qui occupent encore tant de place dans l'inconscient collectif.

PLAIDOYER POUR CEUX QUI SOUFFRENT

Aujourd'hui, si elle le souhaite, Ève n'enfante plus dans la douleur. Certaines femmes, sans doute pour les raisons évoquées plus haut, refusent encore la péridurale. C'est leur choix, elles en ont le droit. Dans certaines religions, comme le bouddhisme et l'hindouisme, la souffrance est revendiquée comme moyen d'accès à des états de conscience supérieurs. A partir du moment où elle est librement choisie et maîtrisée dans une recherche spirituelle certaine, il n'y a aucune raison de s'ériger contre une telle conception. Chacun est maître de son existence comme de ses choix, et leur respect passe avant tout.

Il n'en va pas de même pour la personne en phase terminale. Certes, quelques-uns, très rares cependant, trouvent la force de donner un sens à leur maladie et à leur mort. Mais il y a tous les autres. Ceux que la maladie a fauchés au cœur de leur vie et qui se sentent à la fois coupables et malheureux d'abandonner leur conjoint et leurs enfants. Ceux que la souffrance épuise, lamine, jusqu'à les transformer en êtres incapables de réfléchir et prêts à tout pour en finir avec un mal-être aussi réducteur. Il y a ceux qui se voient, jour après jour, disparaître dans leur miroir, et perdre jusqu'au souvenir qu'ils avaient d'eux-mêmes. Il y a ceux qui lisent dans le regard de l'autre le reflet de leur propre épouvante. Ceux, encore, qui savent qu'ils ne seront bientôt plus de ce monde sans comprendre pourquoi. Ceux, enfin, qui refusent, quand ils en ont encore la force, cette « dernière étape de leur croissance ».

Contre ce flot de souffrances psychiques et physiques interviennent les bénévoles, le personnel soignant, les médecins... Aucun d'eux ne doit faillir. Il faut assister le mourant qui s'en va, l'accompagner dans son douloureux cheminement. Il lui reste si peu de sa vie. Il lui reste si peu de temps, ce temps qu'il a longtemps cru éternel. Il ne lui reste rien, en fait, sinon cette souffrance, dans sa tête et dans son corps, cette difficulté à aborder l'inabordable, à vivre minute après minute sa longue déchéance. Que de pertes il vient de vivre, que de pertes il va devoir vivre encore ! Voilà pourquoi il est important de le soulager, de lui offrir la douce torpeur du bien-être, même artificiel. Nos doutes, nos questionnements, nos références à la déontologie, ne sont-ils pas ridicules, voire mesquins dans de telles situations ? C'est un être humain qui se meurt devant nous, une parcelle d'humanité, cette humanité à laquelle chacun de nous appartient.

Nous n'évoluerons pas tant que nous n'offrirons pas à ces mourants tout le respect et tout l'amour que nous leur devons. La souffrance est aliénante, indigne d'une civilisation qui se veut moderne, d'un pays qui se réclame des droits de l'homme. Lorsqu'un mourant demande une mort active parce qu'il souffre trop, nous devons ressentir sa demande comme un échec. Il nous dit, à sa manière, que nous n'avons pas su l'accompagner. Or, les moyens d'intervenir existent. Ils sont fiables et parfaitement opérants. Dans *Le Figaro* du 10 mars 1998, le docteur Catherine Petitnicolas, dans un article sur la douleur, citait le docteur Hector Falcoff, qui déclarait en 1995 : « Chez les cancéreux, il faut lutter bille en tête contre la douleur et ne pas hésiter à utiliser la morphine par voie orale. » Mais pourquoi seulement les cancéreux ? Tous ceux qui souffrent ont droit aux antidouleurs.

Le combat contre la douleur doit devenir un combat de tous les jours, calculé, maîtrisé, pour le bien de tous. Éradiquer la souffrance est devenu un rêve accessible. Il faudra, certes, encore beaucoup d'obstination pour en venir complètement à bout. Mais l'esprit enfin libéré d'un héritage aussi lourd que douteux permettra ensuite la libération du corps. Et le corps lui-même cessera d'être le temple où se célèbre la plus vieille folie de l'homme : la douleur.

IMPRIMÉ EN FRANCE PAR BRODARD ET TAUPIN
1700X – La Flèche (Sarthe), le 05-01-2000
Dépôt légal : janvier 2000

POCKET – 12, avenue d'Italie - 75627 Paris cedex 13
Tél. : 01.44.16.05.00

Extrait de la collection

« SPIRITUALITÉ ET ÉSOTÉRISME »

Collection dirigée par Laurence E. Fritsch

Choisir la voie de l'être
Une collection pour prendre le temps de méditer sur le sens de sa vie et se donner les moyens de vivre celle-ci pleinement sans dépendance.

SE PRÉPARER À LA MORT ET ACCOMPAGNER LA FIN DE VIE

Hennezel Marie de
La mort intime – Préface de François Mitterrand
« Ceux qui vont mourir nous apprennent à vivre. » Un best-seller mondial sur l'accompagnement des mourants.

Denaux Garance
La mort accompagnée *
Un témoignage émouvant de trois cas d'accompagnement et des conseils aux familles pour trouver les mots et les gestes.

Kübler-Ross Elisabeth Dr
La mort, dernière étape de la croissance
Convergences et divergences des différents regards que les religions et les philosophies du monde entier portent sur la mort en tant qu'étape d'évolution spirituelle.

La mort est un nouveau soleil
Des témoignages saisissants prouvant que la mort est le passage à un autre état de conscience

Martino Bernard
Voyage au bout de la vie
Un document exceptionnel sur l'accompagnement des mourants aujourd'hui en France, par le réalisateur du « Bébé est une personne ».

DIALOGUER AVEC L'AU-DELÀ

Barbarin Georges
L'après-mort
Une encyclopédie des différentes conceptions de l'au-delà dans les grandes traditions.

Desjardins Denise
La mémoire des vies antérieures
Des témoignages exceptionnels de scientifiques et de médecins à la suite des séances de « lying » pratiquées en Inde avec des maîtres authentiques.

Drouot Patrick
Nous sommes tous immortels
Un grand classique sur le voyage avant la vie et ses conséquences thérapeutiques pour l'homme d'aujourd'hui.

Drouot Patrick
Des vies antérieures aux vies futures
Revivre le passé permet-il de se projeter dans le futur ? Réflexions d'un physicien français voyageur du temps.

Drouot Patrick
Guérison spirituelle et immortalité
Parce que l'être humain peut se mettre en résonance avec le champ vibratoire d'autrui, les pouvoirs de l'esprit peuvent guérir le corps. La maladie n'est plus une fatalité, mais une crise de transformation ou émergence spirituelle.

Eadie Betty J.
Dans les bras de la lumière
Un témoignage lumineux sur l'au-delà : la rencontre des anges et du divin a bouleversé la vie de l'auteur. Un best-seller mondial.

Guillo Alain
À l'adresse de ceux qui cherchent
Dans la solitude d'une prison afghane, le témoignage lumineux d'un journaliste sauvé par son dialogue avec l'au-delà.

Kastenbaum Robert
La réincarnation est-elle possible ?
Tous les arguments pour et contre une vie après la mort étayés par les travaux des plus grands scientifiques.

Ragueneau Philippe
L'autre côté de la vie
Le témoignage bouleversant d'un homme qui continue de com-

muniquer avec son épouse Catherine Anglade par-delà la mort. Un best-seller.

O'Jacobson Nils
La vie après la mort ?
Un grand classique sur les pionniers de la recherche dans le domaine de la parapsychologie.

Osis K. et Haraldsson E.
Ce qu'ils ont vu au seuil de la mort
Une passionnante enquête scientifique internationale avec des témoignages d'expériences proches de la mort (NDE).

Renard Hélène
L'après-vie
Quatre expériences vécues ici-bas prouvant la vie après la mort. Un best-seller.

Stephens Elaine
Vos vies antérieures *
Une méthode simple, l'auto-hypnose, pour découvrir qui vous avez été et comprendre qui vous êtes aujourd'hui.